DON
BOSCO

Spielstücke für die Advents- und Weihnachtszeit

Mit Kindern von 3-8

DON BOSCO

Gerne nehmen wir Ihre Anregungen, Wünsche, Kritik oder Fragen entgegen:
Don Bosco Medien GmbH, Sieboldstraße 11, 81669 München
Servicetelefon: (0 89) 4 80 08-3 41

Quellennachweis

Seite 22–27: Silvia Klimke/Monika Meyer, Mit Kasperl durchs Jahr. 18 neue Stücke für Kinder von 3 bis 8, Don Bosco, München [6]2010, S. 99ff.; Seite 28–32: Ulrike Münch, Kasperl will nicht schlafen. 16 lustige Kasperlstücke für einen Spieler, Don Bosco, München 2011, S. 86ff.; Seite 33–35: Rita Diepmann, tri tra trallala. 42 Kasperlstücke für den Kindergarten, Don Bosco, München [14]2009, S. 59ff.; Seite 70–73: Elisabeth Wagner, Quacki, der kleine freche Frosch. 37 lustige Klanggeschichten für Kinder von 3–8, Don Bosco, München [16]2008, S. 76f.; Seite 74–79: Elke Gulden/Bettina Scheer, KliKlaKlanggeschichten zur Advents- und Weihnachtszeit, Don Bosco, München [4]2009, S. 77ff.; Seite 99–112: Susanne Brandt-Köhn, Die Weihnachtsbühne. Kinder spielen neue Geschichten zur Winter- und Weihnachtszeit, Don Bosco, München 1999, S. 35ff., S. 42ff.

Bibliografische Information der Deutschen Nationalbibliothek
Die Deutsche Nationalbibliothek verzeichnet diese Publikation in der Deutschen Nationalbibliografie; detaillierte bibliografische Daten sind im Internet über http://dnb.d-nb.de abrufbar.

1. Auflage 2011 / ISBN 978-3-7698-1882-6

www.donbosco-medien.de
Illustrationen Innenteil: Petra Lefin, Bad Kohlgrub
Umschlag und Layout: ReclameBüro, München
Lektorat: UNGER-KUNZ. Lektorat und Redaktionsbüro, Undorf
Notensatz: Nikolaus Veeser, Schallstadt
Satz: Don Bosco Kommunikation GmbH, München
Produktion: Don Bosco Druck & Design, Ensdorf

Gedruckt auf umweltfreundlichem Papier

Inhalt

Kleine Spielszenen

Die dicke Wunschliste

von Angelika Albrecht-Schaffer

Thema
Auseinandersetzung mit Wünschen – „Was ich alles haben möchte."

Inhalt
Zwei Kinder schreiben gemeinsam einen Wunschzettel. Dabei füllt sich nach und nach das Kinderzimmer mit allen ihren Wünschen. Die beiden haben deshalb plötzlich keinen Platz mehr zum Spielen. So nach und nach streichen sie ihre Wünsche wieder und entdecken dabei, dass weniger manchmal tatsächlich auch mehr sein kann.

Hauptfiguren
Die Geschwister Sophie und Moritz

Weitere Mitspielmöglichkeiten
Die Kinder stellen selbst die Wünsche dar.

Bühnenbild bzw. Requisiten
Ein nicht zu großes, einfach eingerichtetes Kinderzimmer mit Bett, Tisch, Stühlen und ein wenig Spielzeug

Tipps zu Vorbereitung und Ablauf
★ Sammeln von Wünschen
★ Die Kinder stellen diese Wünsche selbst dar. Das ist bei einer Puppe noch einfach. Ein Auto oder eine Schachtel für ein Computerspiel muss dagegen vielleicht mithilfe eines Pappkartonkostüms verdeutlicht werden.

➜

★ Gespräch darüber, „was ich mir wirklich wünsche“ und darüber, „was nicht so wichtig ist“. Es kann dabei durchaus um Wünsche nach realen Gegenständen gehen, aber auch um ideelle Anliegen.

Schwierigkeitsgrad und Aufwand
mittel

Altersstufe
Mitspielmöglichkeiten sind für alle Altersgruppen gegeben.

Variationen und Erweiterungsmöglichkeiten
Je nach Alter der Kinder oder thematischer Absicht kann es das Ergebnis der Spielszene sein, dass man sich eben nicht so viele Dinge wünschen kann oder dass man sich eher ideelle Wünsche überlegt, z.B. keinen Streit zwischen den Eltern, mehr Zeit usw., aber vielleicht auch Geschenke für die ganze Familie, wie z.B. einen Ausflug.
Das Ende der Spielszene kann auch so aussehen, dass die Eltern kommen, den Wunschzettel direkt in Empfang nehmen und sich über die jetzt weniger zahlreichen und sinnvolleren Wünsche freuen.

Sophie und Moritz sitzen in ihrem Kinderzimmer und schreiben einen Wunschzettel ans Christkind. Diese Wünsche und Beschreibungen werden zuvor mit den Kindern zusammen ausgedacht, z.B.:

„Ich möchte ein Feuerwehrauto."
„Au ja! Mit einer Leiter zum Ausziehen."
„Und einem langen Schlauch für das Wasser."
„Und vielen Feuerwehrmännern."

Während Sophie und Moritz den Wunschzettel schreiben und dabei abwechselnd ihre Wünsche kommentieren, kommt z.B. ein „Feuerwehrauto" ins Kinderzimmer.

Moritz: Ich möchte ein Feuerwehrauto mit vielen Feuerwehrmännern.
Sophie: Ich möchte eine Puppe mit einem Glitzerkleid.

Sophie und Moritz bemerken nicht, dass sich das Zimmer nach und nach mit ihren Wünschen füllt, so eifrig sind sie am Schreiben. Die Wunschgegenstände sitzen oder stehen überall. Sie rücken Sophie und Moritz immer näher, es gibt kaum noch Platz, sich zu bewegen.

Sophie: Schau mal, Moritz! Hier sind das Feuerwehrauto und die Puppe! Toll!
Moritz: Und meine Autotankstelle ist auch da!
Sophie: Dort sind die Schlittschuhe, die ich möchte. Und hier drüben das Prinzessinnenkleid.

Plötzlich bemerken Sophie und Moritz, dass das ganze Zimmer voll ist.

Moritz: Aber ich kann gar nicht damit spielen, weil es keinen Platz mehr gibt.
Sophie: Und du kommst auch nicht mehr in dein Bett zum Schlafen.

Moritz: Und aus der Tür kommen wir auch nicht mehr raus.

Sophie und Moritz schauen recht traurig und überlegen.

Sophie: Stimmt, was machen wir jetzt?
Moritz: Vielleicht können wir unsere Wünsche wieder wegwünschen?
Sophie: Das probieren wir aus. Lass uns auf unsere Liste schauen. Ich finde es nicht so schlimm, wenn ich kein Prinzessinnenkleid bekomme.

Das Prinzessinnenkleid verlässt den Raum wieder.

Sophie: Moritz, das klappt! Dann wünsche ich mir nicht mehr ...

Das jeweils genannte Spielzeug verlässt den Raum. So nach und nach wird das Kinderzimmer wieder leerer.

Sophie: Moritz, jetzt reicht es! Schau, da haben wir nun Platz zum Spielen.
Moritz: Und ich komm wieder in mein Bett.
Sophie: Und zur Türe kommen wir auch wieder raus.
Moritz: Jetzt ist unser Wunschzettel fertig. Den geben wir nun Mama und Papa, damit sie ihn ans Christkind schicken.

Moritz und Sophie gehen hinter die Bühne ab, um ihren Eltern den Wunschzettel zu geben.

Der verschwundene 24. Dezember

von Angelika Albrecht-Schaffer

Thema
Gestaltung der Adventszeit und Bedeutung von Weihnachten

Inhalt
Die Kinder reißen jeden Tag ein Blatt vom Kalender ab, und so rückt das Weihnachtsfest immer näher. Nach dem 23. Dezember stellen sie aber fest, dass der 24. Dezember fehlt und auf den 23. gleich der 25. folgt. Das bedeutet, dass es kein Weihnachtsfest geben kann! Sie müssen sich also auf die Suche nach dem 24. Dezember machen.

Hauptfiguren
Antonia und Timo; der Räuber Oskar Tunichtgut (kann evtl. von einem Erwachsenen gespielt werden)

Weitere Mitspielmöglichkeiten
Weitere Kinder, die die Szenen für die einzelnen Kalendertage gestalten; ein Kinderchor, der zwischen den einzelnen Szenen singt

Bühnenbild bzw. Requisiten
Als Abreißkalender dient ein großer Zeichenblock mit den entsprechenden Datumszahlen.

Tipps zu Vorbereitung und Ablauf
Mit den Kindern Ideen dazu sammeln, was an den einzelnen Adventstagen in der Familie oder im Kindergarten in Bezug auf die Weihnachtszeit gemacht wird, z.B.: spielen, Wunschzettel schreiben, Niko- →

→

lausfeier, Geschenke für die Eltern basteln, Lieder proben, den letzten Kindergartentag vor Weihnachten feiern, einen Schneemann bauen, Plätzchen backen, den Weihnachtsmarkt besuchen usw.
Daraus dann jeweils ein Standbild (ohne Bewegungselemente) oder eine kurze Spielszene gestalten

Schwierigkeitsgrad und Aufwand
mittel

Altersstufe
ab 3 Jahren

Variationen und Erweiterungsmöglichkeiten
★ Anstatt das im Text beschriebene Ende der Spielszene zu wählen, kann man auch mit den Kindern zusammen überlegen, wie der 24. Dezember wieder auftauchen könnte.
★ Die einzelnen Szenen werden nicht gespielt, sondern die Kinder malen in der Vorbereitungsphase ein Kalenderblatt für jeden Tag und erklären es.
★ Die Szenen zu den einzelnen Kalendertagen können auch als Schattenspiel gezeigt werden. Die Schattenspielwand stellt dann sozusagen den Abreißkalender dar.

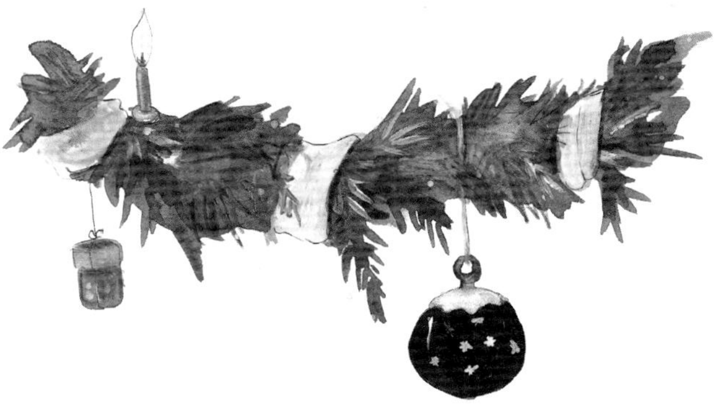

Antonia und Timo stehen vor ihrem Kalender und zählen die Tage bis Heiligabend. Sie nehmen jeweils ein Blatt weg. Mit jedem neuen Blatt wird auf der Bühne eine Szene für den jeweiligen Tag gespielt. Antonia und Timo beschreiben dabei, was sie sehen.

Unterdessen läuft der Räuber Oskar Tunichtgut durch das Publikum und schimpft.

Räuber Tunichtgut: Ich möchte auch Weihnachten feiern! – Aber mir schenkt niemand etwas. – Ich habe nichts, auf das ich mich freuen kann. – Ich habe keine Plätzchen. – An mich denkt niemand. Ich bin ganz allein. – Wenn ich kein Weihnachten feiern kann, dann sollen es die anderen auch nicht! – Ich klaue einfach Weihnachten!

In der Szene für den 23. Dezember sind Antonia und Timo abgelenkt und können nicht mehr auf den Kalender aufpassen, weil sie z.B. mit anderen Kindern Schlitten fahren.

In dieser Zeit geht der Räuber zum Kalender, nimmt das Blatt vom 24. Dezember weg und verschwindet mit folgenden Worten:

Räuber Tunichtgut: Jetzt kann keiner Weihnachten feiern!

Antonia und Timo sind wieder zurück beim Kalender und stellen ganz verwundert fest, dass anstelle des 24. gleich der 25. Dezember erscheint.

Antonia: Der 24. Dezember ist weg!
Timo: Jetzt kann es kein Weihnachten geben!

Traurig zählen die Kinder auf, was ihnen fehlt, wenn es keinen Heiligen Abend gibt. Dazu mit den Kindern vorher Ideen sammeln, z.B.:

„Es gibt keinen schön geschmückten Weihnachtsbaum!“
„Und wir bekommen keine Geschenke!“
„Und Oma und Opa kommen nicht zu Besuch.“
„Und keine Weihnachtsgeschichte, die Opa soooooo schön erzählen kann.“
„Wir gehen auch nicht in den Gottesdienst, wo so viele Kerzen leuchten.“
„Dann hat das Christkind keinen Geburtstag.“

Antonia aber hat eine Idee!

Antonia: Wir müssen den 24. Dezember suchen!

Timo und Antonia gehen durchs Publikum und fragen, wer den 24. Dezember gesehen hat. Entweder werden sie gleich vom Publikum zum Räuber geschickt oder sie treffen ihn zufällig und fragen ihn.

Antonia: Hast du den 24. Dezember gesehen?
Räuber Tunichtgut: Nein!
Timo: Wirklich nicht? Wenn wir ihn nicht finden, dann gibt es keinen Heiligen Abend!
Antonia: Dann kommt das Christkind nicht zur Welt, es gibt keine Geschenke und keinen Besuch von Oma und Opa.
Räuber Tunichtgut *(etwas verlegen und mit schlechtem Gewissen)***:** Naja, da war so ein Blatt Papier, da stand die Zahl 24 drauf ...
Timo: Wo?
Räuber Tunichtgut: Ich habe es weggeworfen.

Antonia: Wie kannst du das wieder in Ordnung bringen, Räuber? Wir wollen doch Weihnachten feiern!

Räuber Tunichtgut: Ich könnte vielleicht ein neues malen, aber ich kann nicht schreiben.

Alle helfen mit, und gemeinsam mit dem Räuber Tunichtgut malen sie ein neues Kalenderblatt mit der Zahl „24“. Der Räuber muss z.B. die Zahlen ausmalen, da er ja selbst keine Zahlen schreiben kann. Auch das Publikum kann helfen, indem die Kinder es z.B. fragen, wie man denn die Zahl „24“ schreibt (also erst die „2“, dann die „4“). Gemeinsam wird dann das neue Kalenderblatt für Heiligabend aufgehängt.

Timo: Jetzt können wir Weihnachten feiern!

Antonia *(zum Räuber Tunichtgut)*: Und wenn du magst, darfst du mit uns feiern.

Die vertauschten Geschenke

von Angelika Albrecht-Schaffer

Thema

★ Aufeinander achten

★ Miteinander feiern ist schöner, als allein zu sein

Inhalt

Die Kinder unterhalten sich beim Schlittenfahren darüber, was sie sich zu Weihnachten wünschen. Währenddessen hat das Christkind auf seinem Weg in die Wohnzimmer einen Unfall mit seinem Schlitten. Dadurch werden die Geschenke vertauscht und in den falschen Wohnzimmern abgelegt.

Hauptfiguren

Mindestens vier Kinder – Lukas, Maja, Hannah und David – aus zwei Familien; das Christkind; zwei Elternpaare oder alleinerziehende Väter oder Mütter

Weitere Mitspielmöglichkeiten

Ein Kinderchor für die Überleitung zwischen den einzelnen Szenen; ein Schneemann

Bühnenbild bzw. Requisiten

Die Bühne ist dreigeteilt: in der Mitte ein Schlittenberg, rechts davon das weihnachtlich geschmückte Haus oder Wohnzimmer der einen Familie und links davon das weihnachtlich geschmückte Haus oder Wohnzimmer der anderen Familie.

➜

Mitten im Publikum sitzt das Christkind und packt Geschenke auf seinen Schlitten. Das Szenenbild, das jeweils gerade bespielt wird, wird beleuchtet.

Schwierigkeitsgrad und Aufwand
mittel

Altersstufe
Für alle Altersstufen geeignet

1. Szene: Am Heiligen Abend, nachmittags

Die Kinder der beiden Familien – Lukas, Maja, Hannah und David – spielen zusammen im Freien und fahren z.B. mit dem Schlitten, bauen einen Schneemann oder machen eine Schneeballschlacht. Nebenbei erzählen sie sich gegenseitig, was sie sich zu Weihnachten wünschen.

Hier dürfen die Kinder ihre Ideen und Wünsche nennen. Wichtig ist, dass nur etwa zwei bis drei Wünsche pro Kind genannt werden. Eines der anderen Kinder wiederholt den Wunsch jeweils, damit er auch wirklich von allen verstanden wird, also z.B.:

Lukas: Ich wünsche mir ein Spielzeug-Müllauto.

David: Du wünschst dir das Müllauto und ich …? Ich wünsche mir ein neues Computerspiel.

Während dieses Gesprächs packt und sortiert das Christkind mitten im Publikum seine Geschenkpäckchen auf einen Schlitten.

Dann werden die Kinder von ihren Eltern gerufen, weil sie nun in die Kirche gehen und es dann Essen und die Bescherung gibt. Sie verabschieden sich voneinander, gehen in die jeweiligen Häuser bzw. Wohnzimmer und von dort aus imaginär hinter die Bühne in die Kirche.

2. Szene: Das Christkind bringt die Geschenke

Das Christkind fährt mit dem Schlitten durch das Publikum. Das muss anstrengend und nicht einfach nur gespielt wirken! Plötzlich stolpert es, der Schlitten fällt um und alle Geschenke fallen heraus. Das Christkind ist erschrocken und sammelt alles schnell wieder ein. Dann geht es nacheinander in die Häuser bzw. Wohnzimmer der beiden Familien und verteilt dort die Pakete, bemerkt dabei aber nicht, dass es die Pakete vertauscht hat!

3. Szene: Bescherung in den Familien

Allmählich kommen die beiden Familien wieder zurück in ihre Häuser bzw. Wohnzimmer. Abwechselnd werden nun in den Familien voller Freude die Geschenke ausgepackt. Beim ersten Geschenk freut sich noch jeder darüber, wirkt jedoch schon etwas verwundert. Den folgenden Text dabei vorher mit den Kindern genauer festlegen.

In einem der Häuser bzw. Wohnzimmer:

Lukas: Ich habe mir das Müllauto gewünscht, und jetzt hab ich ein Computerspiel!

Maja: Und ich hab jetzt eine Puppe und nicht ein Buch!

Und im Nachbarhaus bzw. -wohnzimmer:

David: Ich habe mir doch ein neues Computerspiel gewünscht und kein Müllauto!

Hannah: Das Buch ist zwar toll, aber ich habe mich doch auf eine Puppe gefreut!

Da kommt Hannah plötzlich eine Idee:

Hannah: Das Buch hat sich doch Maja gewünscht.

David: Stimmt! Und das Müllauto hat sich Lukas gewünscht.

In der anderen Familie geht es genauso, nur stellen sie hier umgekehrt fest, dass sie die Geschenke bekommen haben, die sich eigentlich die Nachbarskinder gewünscht haben.

Das Christkind sitzt nun wieder im Publikum und ist ganz traurig, als es bemerkt, was es angestellt hat.

Dann fallen in beiden Familien gleichzeitig die Sätze:

Lukas und David: Das Christkind muss die Geschenke vertauscht haben!

Maja und Hannah: Bestimmt! Da schauen wir gleich mal nach!

Die Kinder rennen aus dem Haus, treffen sich in der Mitte der Bühne und stellen fest, dass es wirklich so ist.

Maja: Dann tauschen wir die Geschenke einfach aus!

Die Eltern kommen hinterher und begrüßen sich.

Ein Elternpaar zum anderen: Wisst ihr was? Ihr holt nun die Geschenke und dann kommt ihr mit zu uns und wir feiern zusammen weiter Weihnachten.

Beide Familien feiern nun einen gemeinsamen Heiligen Abend. Das Christkind aber sitzt im Publikum und freut sich über den guten Ausgang seines Missgeschicks. Vielleicht schleicht es sich noch ganz leise an das Haus der Familie und schaut durchs Fenster zu, wie gemeinsam gefeiert wird.

Kasperlstücke

Kasperl möchte Winterschlaf halten

von Monika Meyer

Inhalt
Kasperl hält den Winterschlaf für eine gute Idee und möchte es dem Igel gleichtun.
Schnell merkt er aber, dass der Winterschlaf nur Tieren vorbehalten ist.

Anzahl der Spieler
eine oder zwei Person(en)

Puppen
Kasperl, Igel und Gretel

Bühnenbild bzw. Requisiten
Ein Bühnenbild ist nicht erforderlich. Wer möchte, kann aber z.B. auf einen Karton einen Herbstwald zeichnen oder Herbstblätter aufkleben. Als Requisiten dienen zwei braune Wolldecken, Nüsse, Butterbrote und aufgefädelte Wattebäusche als Schneeflocken.

Kasperl: Tri, tra, trallala (...) Ja grüßt euch, Kinder! Ich habe euch schon lange nicht mehr gesehen. Seid ihr denn auch alle da? (...) Na, da bin ich aber froh! Ich werde ein bisschen spazieren gehen. Die Sonne scheint so schön. Vielleicht treffe ich ja jemanden.

Der Kasperl geht spazieren. Er sieht einen Igel, der Nüsse vor sich liegen hat. Kasperl geht auf den Igel zu, und dieser rollt sich ein.

Kasperl: Hallo, Igel! Du siehst ja lustig aus. Wie gehts dir denn so an diesem wunderschönen Tag? Warum versteckst du dich vor mir? Ich will mich doch nur mit dir unterhalten!

Er fasst den Igel an, sticht sich und schreit laut los.

Kasperl: Aua, auweh! Was bist du gemein! Ich habe dir doch gar nichts getan! Sagt mal, Kinder, warum igelt der Igel sich ein? (...) Aha, dann will ich einmal ganz ruhig mit ihm reden: Lieber Igel, vor mir brauchst du keine Angst zu haben! Stimmts, Kinder? Ich habe noch keinem etwas getan. Ich möchte einfach nur ein bisschen mit dir reden.

Der Igel rollt sich langsam aus, guckt vorsichtig umher und fängt an zu schnüffeln.

Igel: Wer bist denn du?

Kasperl: Du kennst mich nicht? Kinder, sagt doch mal dem Igel, wer ich bin.

Igel: Das ist vielleicht (...) *(gähnt)* (...) ein Krach hier. Da hat man ja keine Ruhe mehr. Kasperl, bist du immer so aufgedreht?

Kasperl: Ich bin ein fröhlicher Kasperl, deshalb mögen mich die Kinder so. Ich mache gern Späße, helfe aber auch den Menschen, wenn sie mich brauchen. Außerdem spiele ich gerne. Hast du nicht Lust, mit mir zusammen zu spielen?

Igel: O nein! Ich habe keine Zeit! Ich muss Nüsse und andere Sachen suchen, damit ich mich vollfressen und den Winterschlaf überstehen kann. Ich bin schon viel zu spät dran!

Kasperl: Winterschlaf? Was ist das denn? Kinder, vielleicht könnt ihr mir das erklären!

Die Kinder erklären, was Winterschlaf ist.

Igel: Die Kinder haben das ganz richtig erklärt. Ich fresse ganz viele Sachen, damit ich eine dicke Fettschicht bekomme. Diese hält mich warm, und deshalb kann ich den ganzen Winter über schlafen.

Kasperl: Das ist ja eine tolle Sache! Mir kommt da so eine Idee: Igel, ich werde mit dir Winterschlaf halten. Ich muss nur noch der Großmutter, dem Seppel und der Gretel Bescheid sagen, damit sie sich keine Sorgen machen. Also, Igel, bis gleich!

Der Kasperl geht singend fort.

Igel: Ich glaube, Kinder, der Kasperl hat das mit dem Winterschlaf nicht richtig verstanden. Wie soll ich ihm das wohl erklären, dass nur Tiere einen Winterschlaf halten können?

Kasperl kommt singend zurück. Er hat sich ein paar Butterbrote mitgebracht.

Kasperl: So, Igel, da bin ich wieder! Wie du siehst, habe ich meinen Vorrat auch schon mitgebracht. Doch ich glaube, das reicht nicht. Komm, wir zwei müssen uns auf die Suche machen, damit wir noch etwas finden. Nüsse esse ich nämlich auch sehr gerne.

Igel: Aber Kasperl, du bist doch ein Mensch, du kannst keinen Winterschlaf halten! Nur bestimmte Tiere können das. Dein Körper ist zu groß, um dich in der Erde zu vergraben, und vor allem: Du würdest dort ersticken und dazu noch erfrieren!

Kasperl: Komisch, das haben der Seppel, die Gretel und die Großmutter eben auch schon gesagt. Aber ich brauche ja nicht gerade unter der Erde zu schlafen. Ich will das einfach auch mal probieren. Vielleicht bin ich der erste Mensch, der einen Winterschlaf halten kann!

Igel *(kopfschüttelnd)*: So was habe ich noch nie erlebt! Aber wie du willst! Dann probieren wir es einmal. Zuerst müssen wir jetzt alles, was wir finden, aufessen.

Sie wandern los, sammeln und essen danach ihre Vorräte.

Kasperl: Ich kann nichts mehr essen – ich bin sooo satt!

Igel: Ich bin gleich fertig mit dem Essen. Dann ist für mich die Zeit gekommen, den Winterschlaf zu beginnen.

Kasperl: Ja, wo schläfst du denn?

Igel: Ich habe mir ein Nest aus Blättern und Heu gebaut. Ich rolle mich zusammen und schlafe dann viele Monate.

Kasperl: Ich lege mich neben dein Nest, damit du nicht so alleine bist. Ich habe mir eine Wolldecke mitgebracht, denn ohne die ist es sicher zu kalt.

Beide legen sich hin.

Igel: Ja, Kasperl, dann wünsche ich dir einen guten Schlaf!

Kasperl: Das Gleiche wünsche ich dir auch!

Beide liegen ganz ruhig da. Man hört eine Zeit lang gar nichts. Dann fängt Kasperl an zu bibbern.

Kasperl: Oh, ist das kalt hier!

Der Igel antwortet nicht. Schneeflocken werden in der Kulisse aufgehängt.

Kasperl: O nein, jetzt fängt es auch noch an zu schneien! Da werde ich ja ganz nass! Und überhaupt – es ist langweilig, hier dauernd nur herumzuliegen. Igel, komm, wir unterbrechen den Winterschlaf für 'ne halbe Stunde und spielen Fangen.

Der Igel antwortet nicht.

Kasperl: Ich habe solchen Hunger. Vorhin war ich doch so satt! Wie kommt das bloß?

Die Gretel kommt.

Gretel: Hallo, Kasperl, darf ich dich mal stören?

Kasperl: Ja, das darfst du. Der Igel unterhält sich gar nicht mit mir, und ich bin komischerweise überhaupt nicht müde!

Gretel: Siehst du, wir haben dir alle gesagt, dass du keinen Winterschlaf halten kannst. Das können eben nur bestimmte Tiere.

Kasperl: Ja, Kinder, was meint ihr denn dazu? (...) Ich glaube, ihr habt recht. Ich gehe wieder mit nach Hause. Dort lege ich mich in die Badewanne und wärme mich erstmal wieder auf. Danach werde ich ein riesengroßes Stück von Großmutters leckerem Kuchen essen. Kinder, was meint ihr: Vielleicht klappt das mit meinem Winterschlaf ja im nächsten Jahr? (...) Also gut, dann eben nicht! Lasst uns jetzt dem Igel ganz leise „Tschüss" sagen (...), vielleicht kann er es hören!?

Gretel nimmt den Kasperl an der Hand.

Gretel: Komm jetzt! Du wirst noch eine Erkältung kriegen, wenn du weiter hier in der Kälte stehst. Lass uns leise gehen, damit der Igel nicht aufwacht. Tschüss Kinder, bis zum nächsten Mal! Und kommt alle gut durch den Winter!

Beide gehen leise ab.

Der Stern, der Weihnachten feiern wollte

von Ulrike Münch

Inhalt

Kasperl freut sich auf Weihnachten. Ein kleiner Stern, der sich nichts sehnlicher wünscht, als einmal auf der Erde Weihnachten als Weihnachtsstern über der Krippe zu feiern, fällt direkt in das festlich geschmückte Haus von Kasperl und erfährt dort die Erfüllung seines Wunsches.

Puppen

Kasperl, kleiner Stern und großer Stern

Bühnenbild bzw. Requisiten

Eine Weihnachtskulisse mit Krippe oder ein Stoffvorhang, an dem ein Weihnachtsbaum und eine Krippe aus Pappe befestigt sind, oder eine Pappkulisse, auf die alles aufgemalt ist

Basteltipp

Die zwei Sterne lassen sich leicht aus Pappe zuschneiden und an einem Stab befestigen.

Kasperl kommt zwischen dem noch zugezogenen Vorhang hervor.

Kasperl: Tri, tra, trallala, tri, tra, trallala, der Kasperl, der ist wieder da! Kinder, seid ihr auch alle da? (...) Na, das ist ja wunderbar. So, da will ich doch mal den Vorhang zur Seite schieben, damit ihr besser sehen könnt.

Kasperl probiert es, aber schafft es nicht, den Vorhang wegzuschieben.

Kasperl: Oh, geht das aber schwer! Alleine schaffe ich das nicht. Ich glaube, ich brauche Hilfe. Aber wer könnte mir denn dabei helfen? Kinder, helft ihr mir, den Vorhang zur Seite zu schieben? (...) Dann sagt einfach „Hauruck!"

Kasperl zieht mit gemeinsamen „Haurucks" den Vorhang auf.

Kasperl: Danke für eure Hilfe, Kinder. Kinder, bald ist Weihnachten. Freut ihr euch darauf? (...) An Weihnachten gibts ja auch Geschenke. Habt ihr euren Wunschzettel schon geschrieben? (...) Was wünscht ihr euch denn? (...) Am schönsten finde ich es ja, wenn alles so schön geschmückt ist, der Weihnachtsbaum steht und die Krippe aufgestellt ist. Kinder, vom vielen Erzählen habe ich etwas Hunger bekommen. Ich glaube, ich schaue mal, ob die Großmutter ein paar Plätzchen gebacken hat.

Kasperl geht ab. Zwei Sterne erscheinen am oberen Bühnenrand. Wenn die Bühne klein ist, können die Sterne auch über dem Kasperltheater gespielt werden, während die Kulisse unten sichtbar bleibt. Der kleine Stern klingt sehnsüchtig, der große Stern wirkt eher genervt.

Kleiner Stern *(sehnsüchtig)*:
Ach, bald ist Weihnachten!

Großer Stern *(genervt)*:
Jetzt fängst du schon wieder damit an.

Kleiner Stern: Aber es ist doch soooo schöööön!

Großer Stern: Was ist so schön?

Kleiner Stern: Weihnachten.

Großer Stern: Immer, wenn auf der Erde Weihnachten gefeiert wird, fängst du an, nur noch von Weihnachten zu reden.

Kleiner Stern: Ja, weil ich doch so gerne einmal an Weihnachten auf der Erde wäre.

Großer Stern: Du bist ein Stern. Du kannst nicht auf die Erde.

Kleiner Stern: Aber ich würde es soooo gerne einmal.

Großer Stern: Was würdest du denn auf der Erde machen?

Kleiner Stern: Ich würde über dem Stall von Betlehem leuchten.

Großer Stern: Aber das Christuskind wurde doch schon vor ganz langer Zeit geboren. Du kannst nicht mehr über dem Stall von Betlehem leuchten.

Kleiner Stern: Aber an Weihnachten gibt es ganz viele Ställe von Betlehem.

Großer Stern: Wie meinst du das?

Kleiner Stern: In ganz vielen Familien wird zum Weihnachtsbaum auch eine Krippe aufgestellt. Dort ist dann überall der Stall von Betlehem.

Großer Stern: Trotzdem geht es nicht. Wie willst du denn überhaupt auf die Erde kommen?

Kleiner Stern: Ich könnte mich einfach fallen lassen.

Großer Stern: Du spinnst ja. Dann liegst du irgendwo auf der Erde herum, und niemand sieht dich.

Kleiner Stern: Vielleicht findet mich aber auch jemand und nimmt mich mit. Der Kasperl würde mich bestimmt mitnehmen.

Großer Stern: Ach, mach doch, was du willst!

Der große Stern geht ab.

Kleiner Stern *(zögerlich)*:
Ich könnte mich fallen lassen. (...) Soll ich? (...) Ich könnte es einfach tun. (...) Kinder, wenn ich mich auf die Erde fallen lasse, würdet ihr dann dem Kasperl sagen, dass ich hier bin? (...) Gut, dann lasse ich mich jetzt fallen.

Der Stern lässt sich fallen und liegt dann auf dem Bühnen-„Boden". Kasperl betritt die Bühne.

Kasperl: Was war das denn für ein Geräusch?

Wahrscheinlich erzählen die Kinder ihm von dem Stern. Falls nicht, kann Kasperl ihn selbst entdecken.

Kasperl: Da liegt ja tatsächlich ein Stern! Ob das wirklich ein echter Stern ist?
(zum Stern) Hey, wer bist denn du?
Kleiner Stern: Ich bin ein Stern.
Kasperl: Sozusagen ein Weihnachtsstern.
Kleiner Stern: Das klingt soooo schöööön! Ich wäre ja nur zu gerne ein Weihnachtsstern.
Kasperl: Was würdest du denn machen, wenn du ein Weihnachtsstern wärst?
Kleiner Stern: Ich würde über einer Krippe leuchten.
Kasperl: Wir haben eine Krippe. Aber uns fehlt noch der Weihnachtsstern. Möchtest du der Weihnachtsstern für uns sein?

Kleiner Stern: Ja, sehr gerne! Das ist mein größter Wunsch.

Kasperl: Dann sei herzlich willkommen, mit uns dieses Jahr Weihnachten zu feiern.

Kleiner Stern: Danke, das mache ich sehr gerne.

Kasperl: Schau, hier ist unsere Krippe.

Kleiner Stern: Oh, ist die aber schön! Und ich darf wirklich darüber leuchten?

Kasperl: Klar doch.

Kleiner Stern *(über der Krippe)*:

Wie gefalle ich euch über der Krippe, Kinder? (...)

Kasperl: Du siehst wirklich sehr gut aus. So einen schönen Weihnachtsstern hatten wir noch nie. Jetzt können wir ein wunderschönes Weihnachtsfest feiern und euch Kindern frohe Weihnachten wünschen, denn die Geschichte ist nun zu Ende, und wenn es euch gefallen hat, dann klatscht in die Hände.

Der gestohlene Nikolaus

von Rita Diepmann

Inhalt
Kasperl und Seppel überlisten die Hexe, die zuvor Seppels Schokoladen-Nikolaus weggenommen hat.

Puppen
Kasperl, Seppel und die Hexe

Bühnenbild bzw. Requisiten
Zwei kleine Nikolausfiguren aus Schokolade in der Originalverpackung, ein Hexenzauberstab, Knete, ein Teller

Seppel, ein Nikolauslied singend, kommt auf die Bühne. In der Hand hält er einen noch verpackten Schokoladen-Nikolaus. Den hat er vom „echten" Nikolaus geschenkt bekommen. Die Kinder erzählen von ihren Nikolausgeschenken und -erlebnissen.

Seppel möchte sein Geschenk dem Kasperl zeigen. Sie rufen ihn, aber er kommt nicht. Seppel geht nach hinten, um ihn zu holen. Den Schoko-Nikolaus lässt er dabei auf der Bühne liegen. Kaum ist Seppel weg, taucht auch schon die Hexe auf. Sie sieht die Schokoladenfigur, nimmt sie und geht weg. Doch vorher droht sie den Kindern, sie alle in Schokoladen-Nikoläuse zu verzaubern und zu vernaschen, sollten sie auch nur ein Wort verraten.

Natürlich rufen die Kinder trotzdem Seppel und Kasperl. Als die beiden ganz außer Atem ankommen, erzählen sie ihnen, was geschehen ist. Seppel ist trau-

rig. Nun ist sein Nikolausgeschenk weg! Was kann er schon gegen die Hexe unternehmen? Kasperl tröstet ihn und sucht nach einer Lösung.
Auch die Kinder machen Vorschläge. Doch diesmal hat Kasperl die bessere Idee. Er muss mal eben nach Hause verschwinden, sagt er. Dann taucht er mit einem Schokoladen-Nikolaus wieder auf. Seppel freut sich schon, denn er denkt, das sei seiner. Kasperl aber klärt ihn auf, dass dies sein eigener Nikolaus sei, den er selber geschenkt bekommen habe. Und mithilfe dieser Schokoladenfigur möchte er die Hexe hereinlegen.
Seppel versteht das nicht, und Kasperl erklärt ihm und den Kindern seinen Plan, denn er braucht dazu auch die Hilfe der Kinder. Also: Zuerst muss ein Kind den Nikolaus ganz vorsichtig aus dem Papier auspacken, sodass das Papier ganz bleibt. Seppel muss dann die Schokolade festhalten. Ein anderes Kind holt etwas Knete, die nun, entsprechend geformt, in das Papier verpackt wird. Nun sieht der Nikolaus wieder wie echt aus.
Diesen „Knete-Nikolaus" legen sie dann als Lockmittel für die Hexe auf die Bühne. Seppel muss sich mit dem richtigen Schokoladen-Nikolaus in Sicherheit bringen. Und Kasperl will, während die Hexe hier oben auf der Bühne ist, ins Hexenhaus schleichen und die andere Schokoladenfigur holen. Aber er braucht Zeit dazu, also müssen die Kinder die Hexe mit irgendwelchen Fragen oder Plaudereien hinhalten. Alles klar? Also los!
Seppel versteckt sich, Kasperl schleicht schon los, und der Nikolaus liegt verlockend auf der Bühne. Einige Zeit lang tut sich nichts. Plötzlich aber taucht die Hexe auf und stürzt sich auf den Nikolaus. Sie wundert sich wohl über die Kinder, die gar nicht nach dem Kasperl rufen. Sie haben bestimmt Angst vor der angedrohten Verzauberung! Ein Kind fragt, wie denn der erste Nikolaus geschmeckt habe. Darauf kann die Hexe keine Antwort geben, denn sie hat ihn (glücklicherweise) noch nicht gegessen. Ein anderes Kind sagt, sie sei doof und gemein! Daraufhin folgt ein heftiger Meinungsaustausch, bis die Hexe schließlich beleidigt mit dem „Knete-Nikolaus" verschwindet.
Schon taucht Seppel auf, der alles mitgehört hat und die Kinder wegen ihrer Verzögerungstaktik lobt. Doch wo bleibt der Kasperl? Endlich kommt er wieder

zurück – mit dem Schokoladen-Nikolaus und dem Hexenzauberstab! Alle freuen sich und lachen.
Da erscheint die wütend schimpfende Hexe. Sie hat den Schwindel bemerkt und wirft den eben gestohlenen „Knete-Nikolaus" auf den Boden. Nun will sie ihre Drohung wahr machen und alle Anwesenden in Schokoladenfiguren verzaubern.
Kasperl hält lachend den Zauberstab der Hexe hinter seinem Rücken versteckt. Die Kinder erklären ihr, wieso auch sie so lachen und keine Angst vor ihr haben. Seppel schlägt ihr vor, doch einfach lieb zu werden, vielleicht bekomme sie dann ja im nächsten Jahr selber einen Schokoladen-Nikolaus geschenkt. Zeternd verschwindet die Hexe.
Nun haben die Kinder sich aber eine Belohnung verdient! Ein Kind bringt einen Teller, und Kasperl bricht seine Schokoladenfigur in viele kleine Stücke, für jedes Kind eines. Er und Seppel wollen sich den anderen Nikolaus teilen. Während das Kind mit dem Teller herumgeht, verabschieden sich die beiden und gehen lachend ab.

Krippenspiele

Jesus ist geboren

von Martin Göth
nach dem Weihnachtsevangelium (Lk 2,1–20)

Vorbemerkung

Diese Spielszenen zur Weihnachtsgeschichte eignen sich für eine Aufführung mit einer eingespielten „Schauspielgruppe“, deren Mitglieder längere Textpassagen auswendig lernen wollen.
Beim Spiel ist aber darauf zu achten, dass die Sprechrollen von Kindern mit kräftigen Stimmen übernommen werden und dass in großen Räumen auch genügend Mikrofone vorhanden sind. Ebenso muss genügend Platz eingeplant werden, damit sich die Spielszenen richtig entfalten können und durch die jeweiligen Ortswechsel der Verlauf der Handlung verständlich wird.

Musikbegleitung

Die Lieder sind so einfach gehalten, dass man die Szenen mit einer Gitarre bzw. einem Keyboard begleiten kann. Für eine Aufführung mit einem kleinen „Orff-Orchester“, einer Flöten- und Percussion-Gruppe kann man im Musikverlag Martin Göth (Passauerstr. 41, 94496 Ortenburg) eine komplette Partitur mit Einzelstimmen für Flöten, Sopran- und Altglockenspiel, Sopran- und Altmetallophon, Sopran-, Alt- und Bassxylophon, Trommeln, Rumbakugeln, Triangel, Becken und Klangstäbe anfordern.

→

→

Hauptfiguren
Ein/e Erzähler/in; Maria und Josef; ein Bote des Kaisers, evtl. von mehreren Soldaten mit Trommeln begleitet; vier (oder mehr) Wirtsleute; vier (oder mehr) Hirten; neun (oder mehr) Engel

Weitere Mitspielmöglichkeiten
Jüngere Kinder können die Rolle einer Schafherde übernehmen.

Bühnenbild bzw. Requisiten
Ein Signalinstrument für den Boten des Kaisers (Trompete, Trommel o. Ä.); vier Wirtshäuser (bemalte Schachteln oder durch Kinder mit Tüchern dargestellt); Krippe und Jesus-Puppe; Sitzgelegenheiten für Josef und Maria; Hirtenfeuer (Holzscheite); Hirtenstäbe

Raumaufteilung
Die Krippe wird vor dem Altar bzw. im Zentrum der Bühne aufgestellt. Im ersten Teil positionieren sich die Engel links im Altarraum bzw. auf der Bühne im Hintergrund. Vor ihnen steht der/die Erzähler/in am Ambo. Rechts neben dem Ambo bzw. dem Erzähler steht der Bote. Um den Boten herum positionieren sich Maria und Josef sowie die aus Wirtsleuten und Hirten bestehende Menschenmenge. Die Wirtshäuser sind rechts im Hintergrund der Bühne bzw. des Altarraums nebeneinander aufgestellt. Im zweiten Teil stellen sich davor die Engel in einem Halbkreis auf, und vor den Engeln die Hirten.

Schwierigkeitsgrad und Aufwand
etwas anspruchsvoll

Altersstufe
ab 6 Jahren

1. Szene: Aufruf und Aufbruch zur Volkszählung

Instrumentalstück (Intro)

Die Schauspieler befinden sich während des Instrumentalstücks hinter der Bühne bzw. neben dem Altarraum.

Der/Die Erzähler/in tritt auf.

Erzähler/in: Als Maria und Josef lebten, regierte Kaiser Augustus. Er wollte wissen, wie viele Menschen in seinem Reich wohnten. So schickte er viele Soldaten in die Städte und Dörfer. Er gab ihnen einen Brief mit. Den sollten sie den Bewohnern vorlesen. So kam ein Bote des Kaisers auch in die Stadt Nazaret, in der Josef und Maria lebten. Er stellte sich mitten auf den Marktplatz und rief die Menschen zusammen. Alle kamen sie, denn sie wollten hören, was ihnen der Kaiser zu sagen hatte.

Der Bote des Kaisers tritt auf, evtl. mit einer Trompete oder einem anderen „Signalinstrument“. Die Menschenmenge – bestehend aus den Wirtsleuten, den Hirten, Maria und Josef – schart sich um den Boten und die Soldaten, die ihn begleiten.

1. Sprecher: Was will denn der Bote des Kaisers bei uns?
2. Sprecher: Sicher will er wieder mehr Geld einsammeln.
3. Sprecher: Damit sich der Kaiser seinen Palast verschönern kann!
4. Sprecher: Und sich goldene Teller kaufen kann.
2. Sprecher: Ja, ja. Wir, die kleinen Leute, müssen immer alles bezahlen, was sich die hohen Herrschaften anschaffen.
3. Sprecher: Vor allem die Dienerschaft am Kaiserhof.
4. Sprecher: Und die großen Feste.
1. Sprecher: Nun lasst den Boten erzählen, was der Kaiser von uns will!

Leute, hört mal her! (Lied des Boten)

2. Ein jeder muss in seine Stadt,
   wo er geboren ist.
   Drum mach dich auf den Weg sogleich,
   damit du's nicht vergisst!

3. Der Weg ist weit, der Weg ist schlecht,
   was soll's, ihr müsst es tun.
   Der Kaiser hat's befohlen,
   ihr seid sein Eigentum.

4. Sprecher: In meine Heimatstadt soll ich wandern? Ich kann doch nicht diesen weiten Weg zu Fuß gehen.

2. Sprecher: Wie stellt sich der Kaiser das vor? Meine Frau ist krank. Die kann ich doch nicht alleine lassen.

3. Sprecher: Und ich habe drei kleine Kinder. Wer soll denn für sie sorgen?

1. Sprecher: Nun lasst uns aufbrechen! Der Kaiser hat's befohlen. Und wir müssen gehorchen.

Der Bote tritt ab. Auch die Menschenmenge zerstreut sich, und Josef und Maria bereiten sich auf die Reise vor.

Erzähler/in: Nachdem der Bote des Kaisers gegangen war, ging jeder in sein Haus zurück. Auch Maria und Josef kehrten in ihre Wohnung zurück, um sich auf die weite Reise vorzubereiten. Josef packte warme Decken, etwas zu essen und einige Windeln ein. Maria erwartete nämlich ein Kind. So machten sie sich auf den Weg von Nazaret nach Judäa, in die Stadt Davids, die Betlehem heißt. Dort wollten sie sich eintragen lassen (Lk 2,4.5). Josef war besonders lieb zu Maria, und immer wieder fragte er sie, ob es ihr nicht zu anstrengend sei. Doch Maria hielt tapfer durch. Als sie schon lange unterwegs waren, setzte sich Maria völlig erschöpft an den Wegrand.

Maria und Josef gehen ein Stück durch den Saal bzw. die Kirche. Plötzlich bleibt Maria stehen und setzt sich hin.

Josef: Maria, was ist mit dir?

Maria: Ach Josef, lass uns ein wenig ausruhen. Ich kann nicht mehr.

Ach, ich kann nicht mehr (Lied der Maria)

Josef: Habe Mut, hab Mut,
habe Mut, hab Mut.
||: Ich werde dich beschützen,
habe Mut, hab Mut. :||

Maria: Ach, ich bin so müd,
ach, ich bin so müd.
||: Ich möchte gerne ruhen,
ich bin so müd. :||

Josef: Komm, es ist nicht weit,
komm, es ist nicht weit.
||: Wir schaffen es gemeinsam,
es ist nicht weit. :||

Maria: Geh allein, ohne mich,
geh allein, ohne mich.
||: Ich werde auf dich warten,
geh allein, ohne mich. :||

Josef: Nur ein kleines Stück.
nur ein kleines Stück.
||: Es sind nur ein paar Schritte,
nur ein kleines Stück. :||

2. Szene: Herbergssuche

Während des Liedes „Ach, ich kann nicht mehr" gehen die Wirtsleute auf ihre Positionen rechts auf der Bühne bzw. im Altarraum. Maria und Josef gehen langsam weiter.

Erzähler/in: Mit letzter Kraft kamen Josef und Maria nach Betlehem. Josef sagte zu Maria:

Josef: Sieh mal, da vorne ist eine Herberge. Hier werden wir uns ausruhen können.

Maria: Ja. Gott sei Dank, dass wir da sind.

Josef: Komm, wir wollen anklopfen und fragen, ob in der Herberge Platz für uns ist.

Josef und Maria kommen zum ersten Wirtshaus. Josef klopft an.

Wer klopft an meine Tür?

2. Wir können nicht mehr weitergehn,
die Füße sind so schwer.
Ach, lasst uns doch nicht draußen stehn,
vergelten wirds der Herr!

3. Herr, lasst uns bei euch heut ruhn,
wir können nicht mehr gehn.
Ein kleines Plätzchen würd es tun,
das wär so wunderschön.

4. Mein Kind wird heute nacht geborn,
es wird der Retter sein.
Doch wir stehn hier so ganz verlorn,
o lasst uns doch hinein!

Während der vier Strophen gehen Josef und Maria von einem Wirtshaus zum anderen und klopfen an.

Erzähler/in: Tränen standen Maria in den Augen. Keiner wollte sie aufnehmen. Doch Josef legte seinen Arm um sie und sprach:

Josef: Verzage nicht, Maria. Wir finden schon etwas. Gott ist ja mit uns.

Maria: Danke, Josef. Du bist so gut zu mir. Mit Gottes Hilfe wird alles gut werden.

Josef: Vielleicht finden wir auf dem Feld bei den Hirten im Stall einen Unterschlupf.

Maria: Dort ist es warm, und wir sind vor dem kalten Wind geschützt.

Maria und Josef gehen zur Krippe und setzen sich links und rechts neben diese. An dieser Stelle wird die Jesus-Puppe in die Krippe gelegt.

Erzähler/in: Und wirklich: Außerhalb von Betlehem, auf einem Feld, sahen sie einen Stall, in dem Hirten bei schlechtem Wetter Unterschlupf suchten. Als sie dort waren, kam für Maria die Zeit ihrer Niederkunft, und sie gebar ihren Sohn, den Erstgeborenen. Sie wickelte ihn in Windeln und legte ihn in eine Krippe, weil in der Herberge kein Platz für sie war. (Lk 2,6.7) Josef breitete die Decken aus, und einige neugierige Schafe wärmten den Stall.

3. Szene: Die Verkündigung der Engel an die Hirten

Instrumentalstück (Intro, s. S. 39)

Während des Instrumentalstücks legen sich die Hirten auf ihrer Position schlafen. Einige halten Nachtwache. Sie sind ums Feuer eng zusammengerückt. Falls eine Schafherde mitspielt, kommen die Schafe und Hunde ebenfalls auf die Bühne.

Erzähler/in:	In jener Gegend lagerten Hirten auf dem Feld und hielten Nachtwache bei ihrer Herde. (Lk 2,8)
1. Hirte:	Leg nochmals etwas Holz nach, sonst verlischt das Feuer.
2. Hirte:	So kalt war es schon lange nicht mehr.
3. Hirte:	Die Schafe und die Hunde sind heute auch so unruhig.
4. Hirte:	Es ist eine besondere Nacht. Irgendwas liegt in der Luft.
1. Hirte:	Was soll denn in der Luft liegen?
4. Hirte:	Ich weiß nicht. Ich hab ein ganz eigenartiges Gefühl.
2. Hirte:	Du mit deinen Gefühlen. Ich glaube, du hast schlecht geträumt.
3. Hirte:	Das glaube ich auch. Was sollen denn diese Kindereien?
4. Hirte:	Ihr werdet es schon sehen. Heute passiert noch etwas ganz Außergewöhnliches.
1. Hirte:	Schau lieber nach, ob die Schafe gut versorgt sind.
2. Hirte:	Da wirst du gleich auf andere Gedanken kommen.
3. Hirte:	Los! Mach schon.

Der 4. Hirte erhebt sich und will zur Schafherde gehen. Da bleibt er plötzlich stehen und erblickt die Engel, die sich langsam erheben. Er deutet auf sie und ruft den anderen Hirten zu:

4. Hirte:	Seht mal da hinten! Ein gewaltiges Leuchten!
1. Hirte:	Was fantasierst du da? Ich sehe nichts.

2. Hirte: Und wenn – das ist sicher der Morgenstern.
3. Hirte: Das kann nicht sein. Es ist erst Mitternacht.
4. Hirte: Kommt doch mal her und seht selbst!

Die Hirten stehen auf und kommen zum 4. Hirten.

1. Hirte: Tatsächlich, es brennt in Betlehem.
2. Hirte: Herr, schütze uns. Ich glaube, das ganze Dorf brennt ab.
3. Hirte: Das gibt es doch nicht! Ein Leuchten, so hell, wie ich es noch nie gesehen habe.
Erzähler/in: Der Engel des Herrn trat zu den Hirten, und der Glanz des Herrn umstrahlte sie. Die Hirten fürchteten sich sehr. (Lk 2,9)

Der Engelschor tritt zu den Hirten auf dem Feld. In einem Halbkreis bleibt er vor den Hirten stehen.

Fürchtet euch nicht (Lied der Engel)

Langsam gehen die Engel wieder zurück. Der 4. Hirte springt auf und ruft den anderen zu:

4. Hirte: Ich habe es euch gesagt: Heute ist eine besondere Nacht.

1. Hirte: Du hattest recht. Es ist wunderbar, dass der Retter geboren ist.

2. Hirte: Ich kann es immer noch nicht glauben, dass die Engel ausgerechnet zu uns Hirten kamen.

3. Hirte: Kommt, wir gehn nach Betlehem, um das Ereignis zu sehen, das uns der Herr verkünden ließ. (Lk 2,15)

Die Hirten löschen das Feuer, packen ihre Sachen zusammen und machen sich auf den Weg. Alle singen:

Auf, ihr Hirten (Lied der Hirten)

2. Auf, ihr Hirten, kommt, ihr Hirten,
   lasst zum Kind uns laufen.
   La, la ...
   und was Schönes kaufen.

3. Auf, ihr Hirten, kommt, ihr Hirten,
   lasst beim Kind uns bleiben.
   La, la ...
   ihm die Zeit vertreiben.

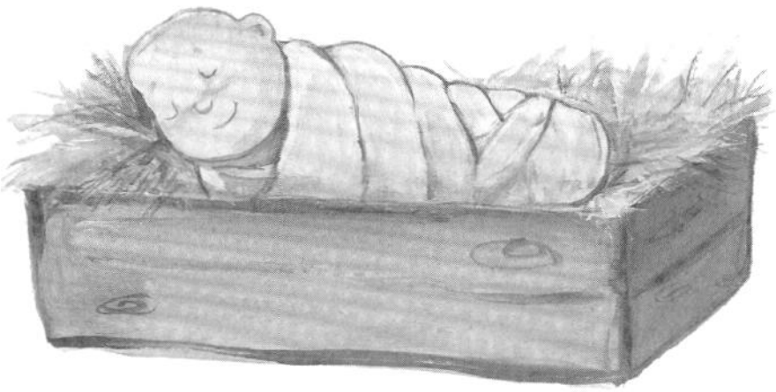

4. Auf, ihr Hirten, kommt, ihr Hirten,
   lasst uns dort auch singen.
   La, la ...
   und Geschenke bringen.

5. Auf, ihr Hirten, kommt, ihr Hirten,
   lasst uns weitersagen.
   La, la ...
   was sich zugetragen.

4. Szene: Die Hirten beim Christkind

Erzähler/in: So eilten die Hirten nach Betlehem und fanden Maria und Josef und das Kind, das in der Krippe lag. Sie gingen in den Stall, um das Kind, den Retter der Welt, zu loben. (Lk 2,16)

Die Hirten kommen zur Krippe und fallen ehrfürchtig auf die Knie.

Erzähler/in: Mit großen, freundlichen Augen lächelte das Kind die Hirten an. Das war eine Freude! Doch dann sagte Maria:
Maria: Seid leise, das Kind muss jetzt schlafen.
Josef: Vielleicht könnt ihr ihm ein Schlaflied singen?

Schlafe, mein Kindelein (Lied der Hirten)

2. Ruhe, mein Kindelein,
   ruhe gar fein!
   ||: Wir wiegen dich, o Kindelein.
   Ruhe jetzt, schlaf ein! :||

3. Träume, mein Kindelein,
   träume gar fein!
   ||: Wir summen dir ein Lied gar fein,
   Träume schön, schlaf ein! :||

Erzähler/in: Mit einem glücklichen Lächeln schlief das Kind ein. Und plötzlich war ein helles Leuchten und Funkeln im Stall, und ein großes himmlisches Heer lobte und pries Gott. (Lk 2,13)

Der Engelschor stellt sich hinter der Krippe auf. Bei dem nun folgenden Kanon „Ehre sei Gott“ können auch einfache Bewegungen gemacht werden:

1. Zeile: *Arme langsam nach oben*
2. Zeile: *Arme langsam nach unten*
3. Zeile: *Die Engel drehen sich und winken.*

Ehre sei Gott (Lied der Engel)

Erzähler/in: Als die Hirten das sahen, erzählten sie alles weiter, was sie erlebt hatten. Und alle, die es hörten, staunten über die Worte der Hirten. Maria aber bewahrte alles, was geschehen war, in ihrem Herzen und dachte darüber nach. Die Hirten kehrten zurück, rühmten Gott und priesen ihn für das, was sie gehört und gesehen hatten. (Lk 2,17–20)

Die Hirten stehen auf und sprechen zum Publikum.

1. Hirte: Guter Gott, du hast deinen Sohn in die Welt geschickt, um uns Menschen zu erlösen.

Alle: Guter Gott, wir danken dir.

2. Hirte: Guter Gott, du hast deinen Sohn in die Welt geschickt, dass Friede wird auf Erden.

Alle: Guter Gott, wir danken dir.

3. Hirte: Guter Gott, du hast deinen Sohn in die Welt geschickt, dass er uns die Liebe verkündet.

Alle: Guter Gott, wir danken dir.

4. Hirte: Guter Gott, du hast deinen Sohn in die Welt geschickt, dass er den Kranken und Traurigen Mut macht.

Alle: Guter Gott, wir danken dir.

Alle Hirten: Guter Gott, du hast deinen Sohn in die Welt geschickt, dass er uns die Frohe Botschaft verkünde.

Alle: Guter Gott, wir danken dir.

Wir wollen alle fröhlich sein (Lied für alle)

2. Maria lacht, und Josef sagt:
„So traut euch doch herein!
||: Das Kind, geborn in dieser Nacht,
wird unser König sein!“ :||

3. Das Christuskind mit seinem Schein
erhellt die dunkle Nacht,
||: denn es wird der Erlöser sein,
der uns das Heil gebracht. :||

4. Das Kind, geborn in Bethlehem,
du machst uns heut so froh.
||: Mit dir kam Licht in unsre Welt,
mit dir, dem Kind im Stroh. :||

Geht ein Leuchten durch die Zeit

Liedtexte: Rolf Krenzer
Musik, Inszenierung und Sprechtexte: Martin Göth

Vorbemerkung
Das folgende Krippenspiel ist eher für die Jüngeren geeignet. Die Texte sind daher kurz und in Reimform gehalten, auch wurde keine allzu große Anzahl von Liedern aufgenommen.
Dieses Krippenspiel kann sowohl als Bühnenstück in Kindergarten bzw. Schule als auch als nachmittägliche Krippenfeier am Heiligen Abend in der Kirche durchgeführt werden.

Thema
Bei der Krippe im Stall kommen Arm und Reich, Menschen auf der Schattenseite und Menschen auf der Sonnenseite des Lebens zusammen und beschließen, gemeinsam das Licht, das Leuchten, das von Jesus, dem Retter der Welt, dem Messias, ausgeht, in die Welt hinauszutragen.

Hauptfiguren
Josef und Maria; eine Engelsschar und ein Sternträger-Engel; die Hirten Sem, Jered und Jonas; ein reicher Mann und eine reiche Frau; ein/e Sprecher/in der Reichen; ein Soldat; ein Armer; ein/e Sprecher/in der Armen und Benachteiligten

➜

➜

Weitere Mitspielmöglichkeiten
Falls sehr viele Kinder mitspielen: evtl. weitere Reiche, Soldaten und arme und benachteiligte Menschen „am Rande der Gesellschaft“; eine kleine Schafherde

Bühnenbild bzw. Requisiten
Eine Krippe, evtl. mit einfachem Krippenstall, in der Mitte der Bühne; eine Jesus-Puppe; Sitzgelegenheiten links und rechts vom Krippenstall für Josef und Maria; ein Vortrage-Stern (vom Sternträger-Engel getragen); eine Kerze (das Licht, das Jonas schenkt); kleine Geschenke der Hirten; Teelichter, die zum Schluss entzündet und an die Zuschauer ausgeteilt werden.

Schwierigkeitsgrad und Aufwand
mittel

Alterstufe
ab 4 Jahren

Hinweis
Eine CD zu diesem Spiel mit sämtlichen Liedern gibt es bei: www.KleinerStern-Verlag.de

In der Mitte der Bühne bzw. des Altarraums, etwas nach hinten versetzt, befindet sich der Krippenstall, dahinter stehen im Halbkreis die Engel, hinten im Saal bzw. in der Kirche nehmen Josef und Maria Aufstellung.

Leuchte in die Nacht hinein (Instrumental)

1. Szene: Menschen im Dunkelland

Links von der Bühne kommen arme und benachteiligte Menschen, die „am Rande der Gesellschaft" leben, zusammen. Es ist ziemlich dunkel.

Armer: Hat uns Gott denn ganz vergessen?
Wir haben Hunger, nichts zu essen.
Sprecher/in der Armen und Benachteiligten:
Dunkelheit uns hier umgibt,
keiner, der den andern liebt.
Soldat: Krieg, Gewalt und Hunger nur,
von der Freude keine Spur.
Armer: Wie soll das nur weitergehn?
Hat uns Gott denn nicht gesehn?
Sprecher/in der Armen und Benachteiligten:
Lasst uns gehn, um Licht zu finden,
unc den andern dann zu künden,

Soldat: dass es hell wird hier auf Erden,
Liebe, Freude wird dann werden.

Sprecher/in der Armen und Benachteiligten:
Kommt mit mir und sucht das Licht,
das die Finsternis durchbricht.

Sucht das Licht (Lied der Armen und Benachteiligten)

Die Armen und Benachteiligten gehen während des Liedes durch den Saal bzw. durch die Kirche nach hinten. Dort warten sie.

2. Szene: Menschen im Reicheland

Rechts von der Bühne kommen drei Reiche zusammen. Es wird hell.

Reicher: Wir leben hier in Saus und Braus,
nicht wie die arme Kirchenmaus.
Reiche: Wir leben wie die Made im Speck,
und nicht wie die Armen nur im Dreck.
Sprecher/in der Reichen:
Wir leben hier ganz wohlgenährt,
und fahren auch ein tolles Gefährt.
Reicher: Uns geht es gut, was interessieren uns die andern,
Reiche: wir wollen mit Spaß durch das Leben wandern.
Sprecher/in der Reichen:
Denn Geld regiert die Welt.
Das ist's, was hier zählt.

Herr, du meinst es gut mit mir (Lied der Reichen, 1. und 2. Strophe)

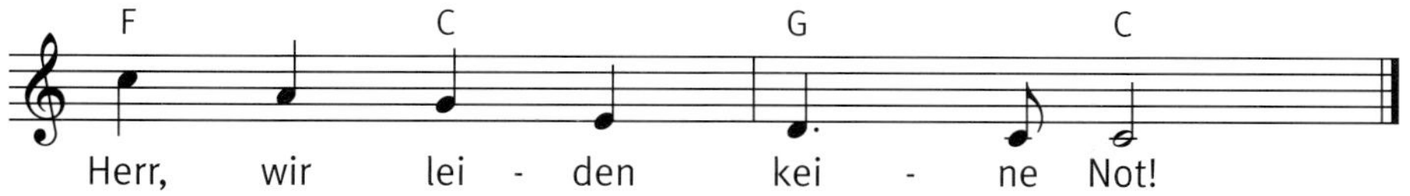

2. Schweinebraten, Kohlrouladen,
   Huhn mit Soße aus der Dose,
   Extrasorte Käsetorte,
   Eis mit Sahne, Fleischsalat!
   Herr, wir werden rund und satt!

Die Reichen marschieren während des Liedes los. Sie gehen ebenfalls durch den Saal bzw. die Kirche nach hinten und warten dort auf ihren nächsten Auftritt.

3. Szene: Die Geburt Jesu

Leuchte in die Nacht hinein (Instrumental, s. S. 58)

Josef und Maria kommen von hinten durch den Saal bzw. durch die Kirche auf die Bühne bzw. in den Altarraum. Sie gehen zur Krippe und setzen sich links und rechts neben die Krippe.

Maria: Gott sei Dank sind wir jetzt da.
Bis hier ein langer Weg es war.
Josef: Ja, Maria. Es war ein weiter Weg.
Nun ruh dich aus, es ist schon spät.
Maria: Nirgends fanden wir Quartier,
keiner wollt uns haben hier.
Josef: Gottes Sohn wird heut geborn,
so sind die Menschen nicht verlorn.
Maria: Sieh nur, hell wird es im Stall,
Engel künden überall.

Mitten in der dunklen Nacht (Lied der Engel, 1. und 3. Strophe)

2. Hirten werde es dann seh'n,
   was in Betlehem gescheh'n.
   Engel schicken sie geschwind
   Zu der Krippe mit dem Kind.
   Halleluja, Gott ist uns so nah,
   halleluja, Gottes Sohn ist da!
   Halleluja, Gottes Sohn ist da!

3. Alle warten schon darauf.
   Jetzt tut sich der Himmel auf.
   Gottes Licht scheint hell und weit
   Und bezwingt die Dunkelheit.
   Halleluja, Gott ist uns so nah,
   halleluja, Gottes Sohn ist da!
   Halleluja, Gottes Sohn ist da!

Die Engel kommen während des Liedes näher. Sie stellen sich hinter der Krippe in einem Halbkreis auf. In der Mitte positioniert sich der helle Stern (Sternträger-Engel).

4. Szene: Hirten auf dem Feld

Die Hirten Sem, Jonas und Jered (und evtl. auch noch weitere Hirten) kommen (evtl. mit einer Schafherde) auf die Bühne bzw. in den Altarraum. Sie setzen sich in der Mitte der Bühne vor den Krippenstall.

Sem: Wieder ist ein Tag vorbei.
Jeden Tag das Einerlei.
Jonas: So lasst uns nun zusammen essen,
und den andern nicht vergessen.
Jered: Lasst uns danken für das Leben,
und dem andern etwas geben.

Die Engel kommen langsam zu den Hirten.

Jonas: Seht, um uns ein helles Licht,
das die dunkle Nacht durchbricht!

Die Engel stellen sich hinter die Hirten und singen ihr Lied.

Mitten in der dunklen Nacht (Lied der Engel, 1. und 2. Strophe, s. S. 62)

Sem: Der Retter der Welt ist heute geboren.
Das heißt, wir Menschen sind nicht verloren.
Jered: Gott hat seinen Sohn gesandt,
er hat sich den Menschen zugewandt.
Sem: Wir wollen gehen, um den Retter zu grüßen,
Jered: und kleine Geschenke legen wir ihm zu Füßen.

Die Hirten suchen ein paar kleine Geschenke zusammen. Der kleine Hirte Jonas findet nichts außer einer kleinen Kerze.

Jonas: Ich habe nichts, nur dies kleine Licht.
Jered: Das ist das schönste Geschenk, verzage nicht.
Sem: Kommt und lasst uns gehen.
Jered: Wir gehen jetzt nach Betlehem.

Leuchte in die Nacht hinein (Lied der Hirten)

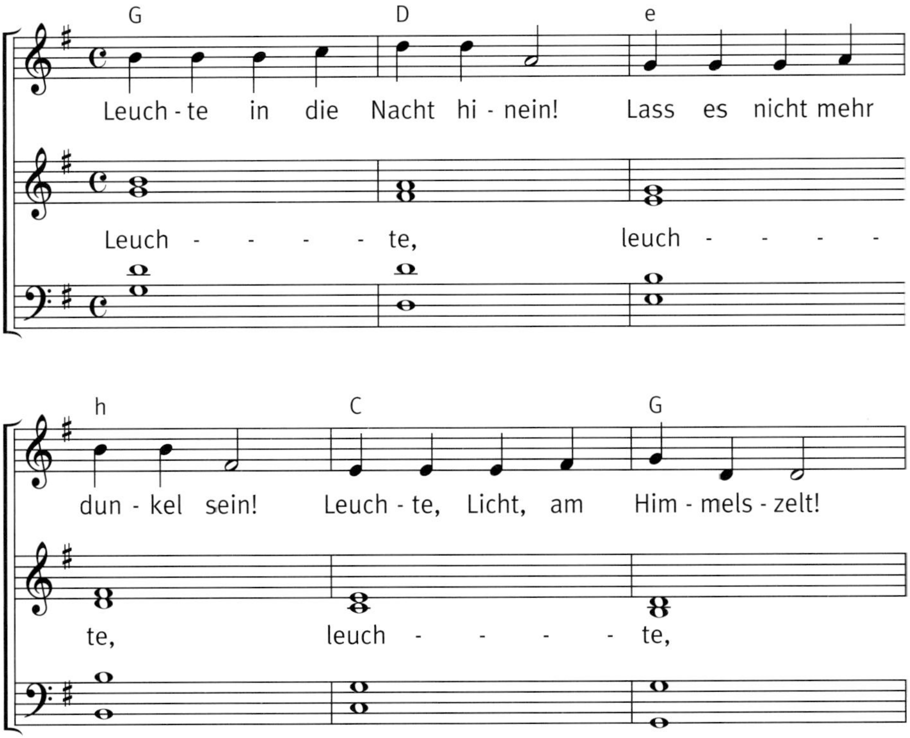

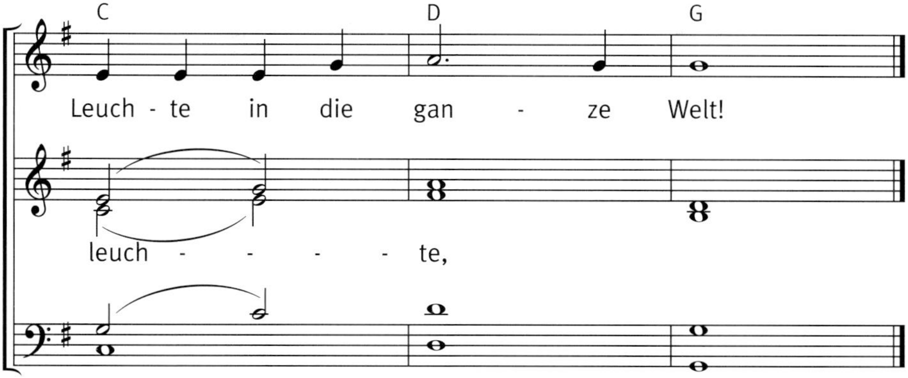

Die Hirten machen sich während des Liedes auf den Weg. Auch sie ziehen durch den Saal bzw. durch die Kirche nach hinten.

5. Szene: Gemeinsam unterwegs

Während das Lied „Leuchte in die Nacht hinein" weitergesungen wird, ziehen alle drei Gruppen (die Reichen, die Armen und Benachteiligten sowie die Hirten) wieder von hinten durch den Saal bzw. die Kirche nach vorne. Am Ende treffen sich alle vor der Bühne bzw. dem Altarraum.

Jered: Wir folgen jetzt dem hellen Stern,
der Retter ist uns nicht mehr fern.
Sem: Wir gehen jetzt nach Betlehem,
um den Retter der Welt zu sehn.
Soldat: Der uns Frieden und Freude gibt,
weil er alle Menschen liebt.
Armer: Da wird dann kein Hunger mehr sein,
Sprecher/in der Armen und Benachteiligten:
und kein Mensch ist mehr allein.

Reicher: Da schließen wir uns gerne an,
Reiche: gemeinsam geht es gut voran.
Jonas: Und ich bringe ihm mein kleines Licht,
das die Dunkelheit durchbricht.

Leuchte in die Nacht hinein (Instrumental, s. S. 58)

Gemeinsam gehen alle drei Gruppen nochmals durch den Saal bzw. die Kirche. Am Ende kommen alle wieder zur Krippe zurück.

6. Szene: In Betlehems Stall

Josef und Maria begrüßen alle.

Josef: Schön, dass ihr gekommen seid.
Gott hält seinen Sohn bereit.
Maria: Ob jung, ob alt, ob reich, ob arm.
Nun wird es in den Herzen warm.

Mitten in der dunklen Nacht (Lied der Engel, 3. Strophe, s. S. 62)

Maria: Gottes Licht scheint hell und weit.
Josef: Und bezwingt die Dunkelheit.
Armer: Wenn jeder gibt, dass jeder hat,
dann werden alle Menschen satt.
Soldat: Dann wird es keinen Krieg mehr geben,
dann können wir in Frieden leben.
Jonas: Ich habe dem Retter ein Licht gebracht.
Josef: Das ist das schönste Geschenk, das du gemacht.
Maria: Und wenn wir das Licht mit anderen teilen,
dann können wir in Freude verweilen.

Gibt einer dem andern von dem, was er hat (Kanon)

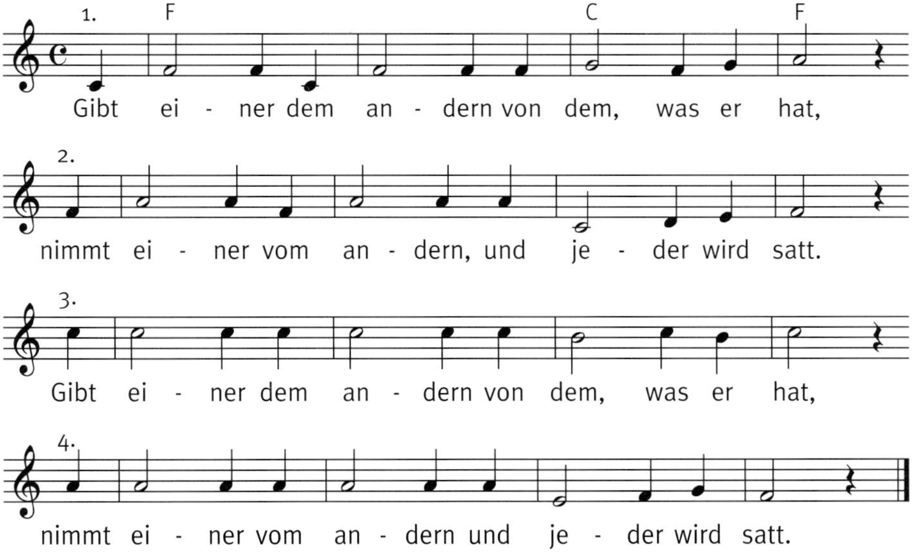

Maria: Jetzt wird es hell, jetzt wird es schön.
Jetzt können wir die Freude sehn.

Josef: Denn Gottes Sohn ist heut geboren,
so sind wir Menschen nicht verloren.

Jonas: So lasst uns gehn in die Welt hinaus,
das Licht zu bringen in jedes Haus.

Leuchte in die Nacht hinein (Lied der Hirten, s. S. 64)

Während des Liedes gehen die Schauspieler zu den Zuschauern und bringen ihnen das Licht, indem sie die Teelichter entzünden.
Gemeinsam kehren sie dann zurück zur Krippe und stellen sich vor ihr auf. Dabei können ruhig auch die Eltern mit den kleinen Kindern mit nach vorne kommen.

An dieser Stelle könnte man zum Abschluss noch ein bekanntes Weihnachtslied gemeinsam singen, z.B. „O du fröhliche".

Klanggeschichten

Drei Könige suchen das ChristKind

von Elisabeth Wagner

Vorbemerkung

Vor dem Spiel am besten mit den Kindern über das Leben der Tiere und Personen sprechen, die in dem Stück vorkommen. Als Vorstellungshilfe können Bilder oder Zeichnungen verwendet werden. Die Kinder sollten zuerst versuchen, die Tiere durch Bewegungen darzustellen. Dabei begleitet ein Erwachsener die Bewegungen bereits mit den Instrumenten, die den jeweiligen Personen oder Tieren zugeordnet werden.

Dann wird den Kindern die Geschichte erzählt und mit dem jeweils passenden Instrument begleitet. Danach übernehmen die Kinder selbst das Spielen der Instrumente – beim Erzählen der Gesichte sollte man auf möglichst lange Erzählpausen achten, damit das Kind, das gerade dran ist, Zeit hat, auf dem Instrument zu spielen.

Gruppengröße

10 bis 25 Kinder

Instrumente

Xylophon 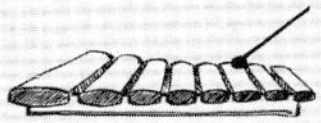

Metallophon 

Wooden Agogo 

Pauken 

Stielkastagnetten 

Glockenspiel 

Schwierigkeitsgrad und Aufwand
mittel

Altersstufe
ab 3 Jahren

Variationen und Erweiterungsmöglichkeiten
Ein/e Erzieher/in oder ein Kind erzählt die Geschichte. Einige Kinder spielen auf den Instrumenten, die anderen versuchen, den Ablauf der Geschichte darzustellen.

Drei Könige ritten durch die Wüste.
Sie hießen Kaspar, Melchior und Balthasar.

Kaspar ritt auf einem Pferd,

Melchior auf einem Kamel

und Balthasar auf einem Elefanten.

Sie kamen von weit her und folgten einem Stern, der am Himmel leuchtete. Der Stern führte sie in eine Stadt mit dem Namen Betlehem. Sie kamen zu einem prächtigen Haus mit goldenen Kuppeln und eisernen Toren.
Die drei Könige ritten darauf zu.

Kaspar auf seinem Pferd,

Melchior auf seinem Kamel

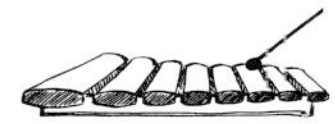

und Balthasar auf seinem Elefanten.

„Hier wurde das Christkind geboren!“, rief Balthasar.
Aber als sie zum Stern blickten, sahen sie, dass dieser weiterzog.

Auch die Könige ritten weiter, dem Stern nach.

Kaspar auf seinem Pferd,

Melchior auf seinem Kamel

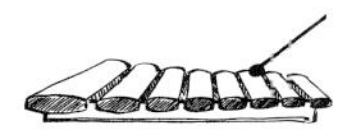

und Balthasar auf seinem Elefanten.

Der Stern führte sie durch die Stadt.

Weit draußen auf einem Feld sahen sie einen Stall. Vor dem Stall liefen viele Schafe unruhig hin und her und blökten.

Der Stern blieb über dem Stall stehen und leuchtete heller als je zuvor.

Als sie zum Stall kamen, sahen sie Maria, Josef und ein Kind. „Das ist das Christkind“, flüsterte Melchior und packte sein Geschenk aus, das er dem Kind zu Füßen legte. Auch die beiden anderen brachten Geschenke. Maria und Josef bedankten sich, und die drei Könige ritten zufrieden weg.

Kaspar auf seinem Pferd,

Melchior auf seinem Kamel

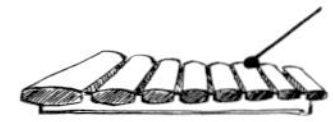

und Balthasar auf seinem Elefanten.

Der Stern blieb über dem Stall stehen, und sein Leuchten verkündete der ganzen Welt, dass in diesem Stall das Jesuskind zur Welt gekommen ist.

Weihnachten bei Familie Maus

von Elke Gulden und Bettina Scheer

Hauptfiguren/Mitwirkende

Ein/e Erzähler/in, 11 Kinder mit ihren Instrumenten

Instrumente

Papa Maus	*tiefer Xylophonklangstab c' (XKlstab c')*
Mama Maus	*hoher Xylophonklangstab c'' (XKlstab c'')*
Leporello	*tiefer Glockenspielklangstab c' (GlKlstab c')*
Josefine	*hoher Glockenspielklangstab c'' (GlKlstab c'')*
vier Adventskerzen	*Fingercymbeln, 4 × gespielt*
Kater	*Handtrommel, mit den Fingerkuppen gespielt*
Schnarchen	*Double Wooden Agogo (D W Agogo)*

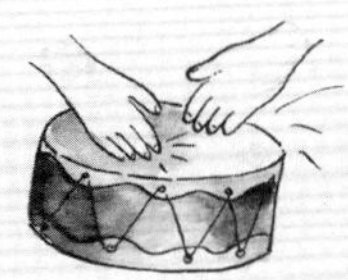

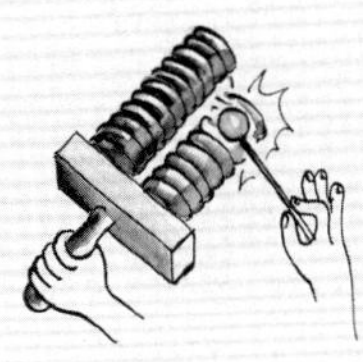

➜

Tannenzweig	*Rassel*
Spannung	*Schellenkranz*
Klirren	*Triangel*
Dame des Hauses	*Klanghölzer*

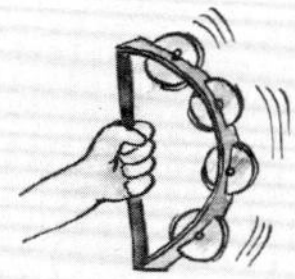

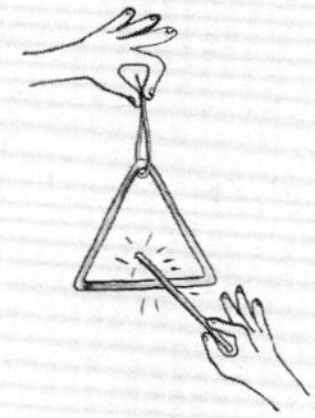

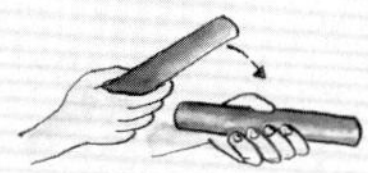

Schwierigkeitsgrad
einfach

Altersstufe
ab 3 Jahren

Am vierten Adventssonntag saßen alle Familienmitglieder von Familie Maus zusammen. Zur Familie Maus gehören: Papa Maus und Mama Maus und noch die beiden kleinen Mäusekinder Josefine und Leporello. Alle saßen um einen kleinen Mäusetisch	*XKlstab c', XKlstab c'', GlKlstab c', GlKlstab c''*
herum, auf dem vier Adventskerzen brannten, und	*Fingercymbeln*
sangen Mäuseweihnachtslieder.	*Alle Klstäbe*
Schließlich meinte Papa Maus: „Ja, ich denke, dieses Jahr muss Weihnachten leider ausfallen.	*XKlstab c'*

Nachdem es hier im Haus neuerdings einen Kater gibt, hat sich einiges verändert. Es ist viel zu gefährlich, unser Mauseloch zu verlassen.“	*Handtrommel*
„Du hast recht, Schatz! Auch wenn es sehr schade ist“, stimmte Mama Maus zu.	*XKlstab c''*
Leporello und Josefine aber protestierten: „Nein, das geht doch nicht! Weihnachten ist immer so schön, und niemals gibt es in der Speisekammer so leckere Sachen wie zu dieser Zeit.“	*GlKlstab c', GlKlstab c''*
„Das stimmt wohl. Aber Kater Kralle ist wirklich ehrgeizig und flink. Wir haben keine Chance gegen ihn. Alle bleiben hier. Habt ihr das verstanden?“, sagte Papa Maus streng.	*XKlstab c'*
Die beiden Mäusekinder nickten traurig, und Mama Maus beruhigte sie: „Wir werden Heiligabend einfach wieder unsere Kerzen anzünden und zusammen singen. Ihr werdet sehen, es wird bestimmt auch so gemütlich werden.“	*GlKlstab c', GlKlstab c'', XKlstab c''*
Als die beiden kleinen Mäuse am Abend in ihren Bettchen lagen, meinte Leporello: „Josefine, das können wir nicht zulassen. Wir brauchen einen Weihnachtsbaum und einen Weihnachtskäse zum Fest.“	*GlKlstab c'*
„Da hast du recht. Komm, wir schleichen uns einmal in die Küche und schauen uns um“, stimmte Josefine sofort zu.	*GlKlstab c''*

Gemeinsam schlichen die beiden aus ihrem Mauseloch heraus. An der Ecke zur Küche blieben sie	*GlKlstab c', GlKlstab c''*
stehen und schauten zunächst vorsichtig um die Ecke, ob die Luft rein war. Als sie nichts entdecken	*Stille*
konnten, schlichen sie leise weiter.	*GlKlstab c', GlKlstab c''*
Vor der Küchentür machten sie wieder halt. Zum Glück stand sie einen Spalt offen, sodass sie hindurchspähen konnten. Doch was sie da erblickten,	*Stille*
gefiel ihnen gar nicht. Kater Kralle lag direkt vor der	*Handtrommel*
Speisekammertür und schnarchte laut vor sich hin.	*D W Agogo*
Die Mäuse liefen schnell zurück zu ihrem Mauseloch.	*GlKlstab c', GlKlstab c''*
„Was machen wir jetzt?“, wollte Josefine wissen.	*GlKlstab c''*
Leporello überlegte einen Moment. „Lass uns ins Wohnzimmer schleichen. Vielleicht haben sie schon den großen Weihnachtsbaum aufgestellt.“	*GlKlstab c'*
Gemeinsam machten sie sich auf den Weg zum Wohnzimmer.	*GlKlstab c', GlKlstab c''*
An der Tür blieben sie wieder stehen.	*Stille*
Tatsächlich, der Weihnachtsbaum stand schon. Zwar hingen noch keine Kugeln daran, aber das	
war den Mäusekindern egal. Leise schlichen sie ins Zimmer und suchten auf dem Boden nach einem heruntergefallenen Zweig.	*GlKlstab c', GlKlstab c''*

„Hier! Leporello, komm her, ich habe einen Tannenzweig gefunden!“, fiepte Josefine. Leporello eilte herbei, und gemeinsam zogen sie den kleinen Tannenzweig, der für zwei kleine Mäusekinder riesengroß war, durch das Wohnzimmer.	*GlKlstab c''* *GlKlstab c', GlKlstab c'', Rassel*
Doch kaum hatten sie ihn durch die Wohnzimmertür in den Flur geschleppt, da blickten sie – in zwei große gelbe Augen. Plötzlich stand Kater Kralle vor ihnen! Vor lauter Anstrengung hatten sie ihn gar nicht kommen hören.	*Schellenkranz*
Kater Kralle fauchte und scharrte mit den Tatzen über den Dielenboden.	*Handtrommel*
Josefine und Leporello sahen sich einen Augenblick erschrocken an, ließen den Tannenzweig fallen und rannten sofort los. Sie rannten so schnell sie konnten, und Kater Kralle jagte sie durch das ganze Haus.	*Stille* *Rassel,* *GlKlstab c', GlKlstab c'',* *Handtrommel*
Den Krach hörten natürlich auch Papa und Mama Maus. Sie kamen eilig aus ihrem Mauseloch gelaufen, um ihren Kindern zu helfen.	*XKlstab c', XKlstab c'',* *Alle Klstäbe,* *Handtrommel*
Plötzlich klirrte es ganz laut, und die Dame des Hauses stürzte herbei. Entsetzt sah sie ihre teure Bodenvase in Scherben auf dem Boden liegen. Kater Kralle hatte sie bei der Mäusejagd aus Versehen umgeworfen. Nun bekam er dafür kräftig geschimpft. Die Mäusefamilie jedoch hatte sich schnell unter dem Sofa versteckt und war nicht mehr zu sehen.	*Triangel, Klanghölzer*

Die Dame nahm Kater Kralle und sperrte ihn zur Strafe in die Besenkammer.	*Klanghölzer*
Josefine und Leporello senkten ihre Köpfe und sagten kleinlaut: „Tut uns leid, Mama und Papa. Aber wir wollten so gerne alles für ein richtiges Weihnachtsfest besorgen."	*GlKlstab c', GlKlstab c''*
Papa Maus sagte: „Na, das ist ja gerade noch einmal gut gegangen. Aber das nächste Mal hört ihr auf uns. In Ordnung?"	*XKlstab c'*
Die beiden Mäusekinder nickten betreten.	*GlKlstab c', GlKlstab c''*
„Nun kommt schon, wir haben noch viel zu tun!", rief Mama Maus ungeduldig.	*XKlstab c''*
„Was denn?", wunderte sich Josefine.	*GlKlstab c''*
„Na, so eine Chance wie heute Nacht bekommen wir nie wieder," sagte Mama Maus. Kater Kralle ist für die nächsten Stunden in der Besenkammer, und wir haben den Weg frei. Auf geht's!"	*XKlstab c''*
So sausten Josefine und Leporello zu ihrem fallengelassenen Tannenzweig zurück und schleppten ihn in die Mäusewohnung.	*GlKlstab c', GlKlstab c''* *Rassel*
Währenddessen flitzten Mama und Papa Maus in die Speisekammer und suchten sich die schönsten Käsestücke für ihr Weihnachtsmenü aus.	*XKlstab c', XKlstab c''*
So kam es, dass Familie Maus auch in diesem Jahr mit einem richtigen Weihnachtsbaum und mit einem richtigen Weihnachtsessen Weihnachten feiern konnte.	*Alle Instrumente*

Wir stellen heut die Krippe auf

Ein Weihnachtsspiel

von Elke Gulden und Bettina Scheer

Hauptfiguren/Mitwirkende
Ein/e Erzähler/in, 9 Kinder, ein Orchester

Weitere Mitspielmöglichkeiten
Die Rolle des Erzählers bzw. der Erzählerin kann auch auf mehrere Kinder verteilt werden.

Instrumente

Glockenspiel

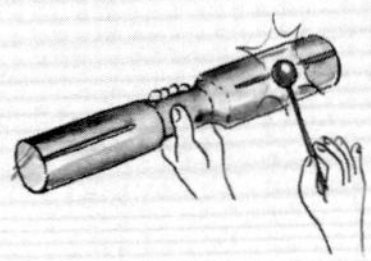

Röhrentrommel

Glöckchen

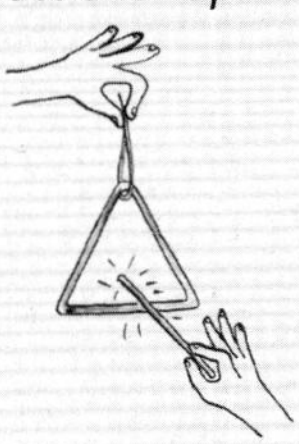

Triangel

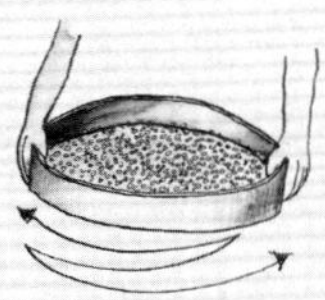

Oceandrum

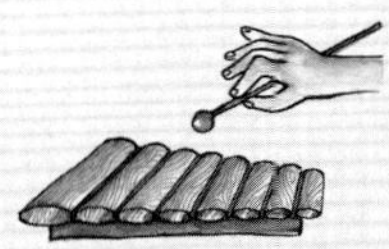

Xylophonklangstäbe d', fis' und a'

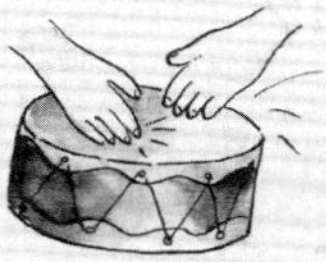 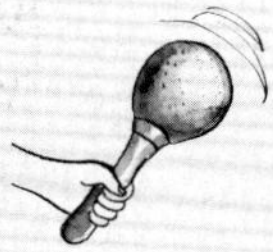 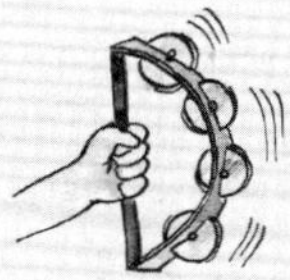 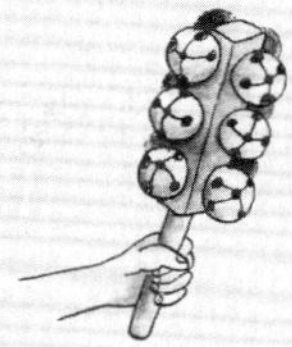

Handtrommel *Rassel* *Schellenkranz* *Schlittengeläut*

Bühnenbild bzw. Requisiten

Als Bühnenbild dient einen Stall mit Krippe; Requisiten: eine Maria- und Josef-Puppe; eine Jesuskind-Puppe; Ochse, Esel und Schaf; ein Seestern; ein Faschings-Sheriffstern; eine Dose mit Zimtsternen; ein Weihnachtsstern; ein leuchtender Himmelsstern

Schwierigkeitsgrad

einfach

Altersstufe

ab 3 Jahren

Erzähler/in:	Die Weihnachtszeit nimmt ihren Lauf, wir stellen heut die Krippe auf.	*Auf die leere Krippe zeigen*
Kind 1:	Ich bring den Ochsen in den Stall.	*Den Ochsen in den Stall stellen*
Kind 2:	Der Esel folgt in jedem Fall.	*Den Esel in den Stall stellen*
Kind 3:	Auch das Schaf gehört dazu, Maria und Josef, die bringst du.	*Das Schaf in den Stall stellen, Maria und Josef in den Stall stellen*

Kind 4:	Auch ich komm jetzt noch ganz geschwind und bringe euch das Jesuskind.	*Das Jesuskind in die Krippe legen*
Erzähler/in:	Jetzt fehlt nur noch am Himmelszelt, ein Stern, der alles schön erhellt.	
Kind 5:	Ich habe einen Stern dabei, den habe ich aus der Türkei.	*Herbeilaufen und einen Seestern hochhalten*
Erzähler/in:	Ach nein, wo denkst du denn nur hin, ein Seestern macht doch keinen Sinn.	*Den Kopf schütteln und mit den Schultern zucken*
Kind 6:	Ich habe einen Stern dabei aus einer Faschingskeilerei.	*Herbeilaufen und einen Sheriffstern hochhalten*
Erzähler/in:	Ach nein, wo denkst du denn nur hin, ein Sheriffstern macht keinen Sinn.	*Den Kopf schütteln und mit den Schultern zucken*
Kind 7:	Ich habe einen Stern dabei aus Mamas Weihnachtsbäckerei.	*Mit einer Dose und einem Zimtstern in einer Hand herbeilaufen*
Erzähler/in:	Ach nein, wo denkst du denn nur hin, ein Zimtstern macht doch keinen Sinn.	*Den Kopf schütteln und mit den Schultern zucken*
Kind 7:	Ich liebe diese Plätzchensterne und ess sie für mein Leben gerne.	*Mit den Schultern zucken und dem Publikum aus der Dose ein Plätzchen anbieten*

Kind 8:	Wie wärs mit meinem Weihnachtsstern? Der ist doch jedes Jahr modern!	*Herbeilaufen und einen kleinen Weih-nachtsstern zeigen*
Erzähler/in:	Von mir aus, stell ihn vor den Stall, am Himmel gehts auf keinen Fall.	*Den Weihnachtsstern seitlich neben der Krippe abstellen*
Kind 9:	Wie wär der Stern am Himmelszelt? Der leuchtet auf der ganzen Welt.	*Leise vortreten und einen Leuchtstern in den Händen halten*
	–	*Pause – alle denken nach*
Alle:	Ja, super, klasse, toll, hurra! Der richt'ge Stern ist endlich da!	*Den Leuchtstern über der Krippe anbringen*

Begleitung mit Orff-Instrumenten:

Erzähler/in:	Die Weihnachtszeit nimmt ihren Lauf, wir stellen heut die Krippe auf.	*Glockenspiel, auf-wärts spielen*
Kind 1:	Ich bring den Ochsen in den Stall.	*Xylophonklangstab d'*
Kind 2:	Der Esel folgt in jedem Fall.	*Xylophonklangstab fis'*
Kind 3:	Auch das Schaf gehört dazu, Maria und Josef, die bringst du.	*Xylophonklangstab a', Röhrentrommel*
Kind 4:	Auch ich komm jetzt noch ganz geschwind und bringe euch das Jesuskind.	*Glöckchen*
Erzähler/in:	Jetzt fehlt nur noch am Himmelszelt ein Stern, der alles schön erhellt.	*Triangel*
Kind 5:	Ich habe einen Stern dabei, den habe ich aus der Türkei.	*Oceandrum*

Erzähler/in:	Ach nein, wo denkst du denn nur hin, ein Seestern macht doch keinen Sinn.	*Xylophon, Abwärts-glissando*
Kind 6:	Ich habe einen Stern dabei aus einer Faschingskeilerei	*Handtrommel*
Erzähler/in:	Ach nein, wo denkst du denn nur hin, ein Sheriffstern macht keinen Sinn.	*Xylophon, Abwärts-glissando*
Kind 7:	Ich habe einen Stern dabei aus Mamas Weihnachtsbäckerei.	*Rassel*
Erzähler/in:	Ach nein, wo denkst du denn nur hin, ein Zimtstern macht doch keinen Sinn.	*Xylophon, Abwärts-glissando*
Kind 7:	Ich liebe diese Plätzchensterne, und ess sie für mein Leben gerne.	*Rassel*
Kind 8:	Wie wärs mit meinem Weihnachtsstern? Der ist doch jedes Jahr modern!	*Schellenkranz*
Erzähler/in:	Von mir aus, stell ihn vor den Stall, am Himmel gehts auf keinen Fall.	*Xylophon, Abwärts-glissando*
	–	*Pause – alle denken nach*
Kind 9:	Wie wär der Stern am Himmelszelt? Der leuchtet auf der ganzen Welt.	*Schlittengeläut*
Alle:	Ja, super, klasse, toll, hurra! Der richt'ge Stern ist endlich da!	*Alle Instrumente*

Märchen- und
Legendenspiele

Das Märchen vom Briefträger

frei nach Motiven eines Märchens von Karel Čapek

neu erzählt von Susanne Brandt

Inhalt

Der tschechische Dichter Karel Čapek liebte es, in seinen Märchen ganz gewöhnliche Menschen in ganz ungewöhnliche Situationen zu bringen – Menschen wie Herrn Kolbaba, der eigentlich ein ganz gewöhnlicher Briefträger war. Wenn der nicht eines Tages erschöpft im Postamt eingeschlafen wäre und so die Postwichtel kennengelernt hätte, die nur nachts im Postamt munter werden, dann wäre der Liebesbrief von Franz an seine Marie wohl auf der Post liegen geblieben. Da aber die Postwichtel spüren, wie viel ein Brief wert ist (eine Rechnung ist eiskalt, ein interessanter persönlicher Brief ist schon wärmer, und der Liebesbrief von Franz ist heiß wie ein Ofen), nimmt das Märchen seinen Lauf: Die Wichtel überzeugen den pflichtbewussten Herrn Kolbaba davon, für diesen Brief alles stehen und liegen zu lassen und sich auf den Weg zu machen ...

Am Ende kommt der Brief gerade noch rechtzeitig zu Weihnachten dort an, wo er hin soll – und auch Herr Kolbaba feiert ein Fest, wie er es noch nie zuvor erlebt hat.

Hauptfiguren und weitere Mitwirkende

1. Szene: Erzähler/in; der Briefträger Herr Kolbaba mit Posttasche; weitere Kollegen, die gerade Feierabend machen; beliebig viele Post- →

→

wichtel; evtl. zusätzlich ein kleiner Chor bzw. eine Musikgruppe für die Geräusche
2. Szene: Erzähler/in; der Briefträger Herr Kolbaba; der Postmeister
3. Szene: Erzähler/in; der Briefträger Herr Kolbaba; der Postmeister; beliebig viele Postwichtel; evtl. zusätzlich ein kleiner Chor bzw. eine Musikgruppe für die Geräusche
4. Szene: Erzähler/in; der Briefträger Herr Kolbaba; evtl. Menschen, die Herr Kolbaba unterwegs trifft, und die in den Häusern wohnen; Franz; alle Wichtel und die übrigen Mitwirkenden beim abschließenden Weihnachtstanz

Bühnenbild bzw. Requisiten

1. bis 3. Szene: Ein Postamt, am Tag, am Abend und in der Nacht; 4. Szene: Dörfer und Städte entlang des Weges – evtl. durch Pappkartonhäuser oder auf Bettlaken gemalte Kulissen angedeutet; als Requisiten: Tische mit Papier, Briefen, Stempeln, Briefwaage etc., ggf. weitere Arbeitsmaterialien aus dem Postalltag; ein Ofen (kann aus Kartons gebaut werden) und ein Stuhl davor; ein unfrankierter und nicht adressierter, geschlossener Briefumschlag; Wichtellaternen

Instrumente

Klingendes Material oder Instrumente für das „Mäusegetrappel" der Postwichtel, z.B. kleine Trommeln, Klangstäbe etc.

Tipps zu Vorbereitung und Ablauf

Bei den nachfolgenden vier Szenen spielen die Kinder die Geschichte frei zu einem Erzähltext, der von einem Erwachsenen vorgelesen wird. Jeweils zu Beginn der Szene werden einige Angaben zu Ort, Ausstattung, Handlung etc. gemacht. Innerhalb der Szenen helfen kurze Regieanweisungen bei der spielerischen Ausgestaltung, die jedoch →

➜

sehr frei, auch nach eigenen Ideen, variiert werden kann. Es empfiehlt sich, den Kindern zunächst die Geschichte im Ganzen vorzulesen oder zu erzählen. Dann werden die Rollen verteilt und die einzelnen Szenen spielerisch erarbeitet. Durch die beliebig große Wichtelschar, evtl. unterstützt von einem kleinen Chor für das Wichtellied, können beliebig viele Kinder in das Spiel mit einbezogen werden.

Schwierigkeitsgrad und Aufwand
einfach

Altersstufe
ab 3 Jahren

1. Szene: Erste Begegnung mit den Wichteln im nächtlichen Postamt

Ort: das Postamt nach Dienstschluss bzw. bei Nacht. Der Briefträger Kolbaba kommt müde von der Arbeit ins Postamt zurück und lässt sich auf einem Stuhl neben dem Ofen nieder. Seine Kollegen verlassen nach und nach das Postamt, der Letzte schließt die Tür hinter sich zu, die Bühnenbeleuchtung wird langsam dunkler. Kolbaba schläft auf dem Stuhl ein. Da wird er plötzlich von Geräuschen geweckt: Erst ist nur ein leises Getrappel zu hören, dann werden die Wichtel im Licht der Laternen sichtbar, singen dazu das Wichtellied, machen sich im Postamt eine Weile nützlich (Briefe wiegen, Briefmarken kleben etc.) und fangen dann mit dem seltsamen „Briefespiel" an. Kolbaba beobachtet dies eine Weile, setzt sich dann dazu und lässt sich von den Wichteln die Kunst zeigen, mit einem Brief an der Stirn dessen Inhalt zu lesen.

Erzähler/in:
In den Wochen vor Weihnachten haben die Briefträger viel zu tun. Ihre Taschen und Fahrräder sind voll bepackt mit bunten Grußkarten, Briefen und geheimnisvollen Päckchen.
Auch Herr Kolbaba war ein solcher Briefträger. Wie sich der jeden Tag abhetzen musste! Tag für Tag 29 735 Schritte, dazu noch 843 Treppenstufen, hinauf und hinunter.
An einem solchen Tag im Dezember setzte sich Herr Kolbaba nach der Arbeit müde an den Ofen des Postamts und schlief ein. Als es sechs Uhr wurde, schlief er immer noch. Die anderen Briefträger gingen nach Hause. Sie schlossen die Tür hinter sich zu und ließen den schlafenden Herrn Kolbaba allein zurück. Es mochte wohl kurz vor Mitternacht gewesen sein, da weckte ihn ein Geräusch.

Geräusche wie „Mäusegetrappel" sind zu hören, die evtl. mit kleinen Trommeln oder Klangstäben erzeugt werden können.

Erzähler/in:
Es klang so, als ob Mäuse über den Fußboden trappelten. Und er hörte noch etwas – ganz leise singende Stimmen:

Frei nach der Melodie „Fröhliche Weihnacht überall" singen die Postwichtel abseits bzw. hinter der Bühne leise folgendes Lied :

Postwichtel:
Husch, durch alle Zimmer – rauf und runter.
Wenn es draußen kalt wird, sind wir munter,
helfen den Menschen über Nacht,
denn so ist die Arbeit schnell gemacht.
Husch, durch alle Zimmer – rauf und runter.
Wenn es draußen kalt wird, sind wir munter.

Erzähler/in:
Verwundert schaute sich Herr Kolbaba um. Da bewegte sich etwas! Aber das waren keine Mäuse. Das waren Postwichtelmänner, die er nun im schwachen Schein der kleinen Wichtellaternen ganz deutlich erkennen konnte. „Donnerwetter!", dachte Herr Kolbaba. Er gab keinen Laut von sich, um die kleinen Wichtel nicht zu verscheuchen.

Die Postwichtel kommen auf die Bühne, wiegen Briefe aus, stempeln und stapeln die Umschläge und lassen sich schließlich um einen Stapel Briefe herum im Kreis auf dem Boden nieder – genau wie im nachfolgenden Text beschrieben.

Erzähler/in:
Natürlich wollte Herr Kolbaba sehen, was die Wichtel jetzt, bei Nacht, hier in der Post taten:
Der eine prüfte die Marken auf den Briefen. Der andere hantierte mit der großen Paketwaage. Ein dritter legte Briefe zu einem großen Stapel aufeinander: „Wir können anfangen!", rief er schließlich und ließ den großen Briefstapel auf den Boden fallen. „Ich hebe ab." Flink ließen sich die Wichtel in großer Runde auf dem Fußboden nieder. Dann teilten sie untereinander die Briefe aus, als wären es Spielkarten. „Ich habe eine 10!", rief einer und warf seinen Brief in die Mitte.

Herr Kolbaba kommt neugierig näher und wird eingeladen, einfach mitzuspielen ...

Erzähler/in:
Da konnte der staunende Herr Kolbaba nicht länger den Mund halten: „Was für ein Spiel machen Sie denn da?", fragte er neugierig.
„Willkommen, Herr Kolbaba!" Die Wichtel nickten freundlich zu ihm herüber. „Wir wollten Sie nicht wecken. Aber wenn Sie nun schon mal wach sind, können Sie ja einfach mitspielen."
Herr Kolbaba griff nach einer kleinen Wichtellaterne und betrachtete die

Briefe, die ihm ein Wichtel in die Hand legte. „Hm“, sagte er und schaute die Briefe ratlos an. „Beim Kartenspiel kommt es auf 7 oder 8, auf 9 oder 10 an. Aber bei Briefen gibt es doch so was nicht.“
„Oh, täuschen Sie sich nicht“, meinte ein Wichtel. „Jeder dieser Briefe hat seinen ganz bestimmten Wert – je nachdem, was in ihm geschrieben steht.“ Und ein anderer Wichtel erklärte: „Der niedrigste Wert – also etwa die 7 im Kartenspiel – den haben Briefe, in denen nur irgendwas Langweiliges steckt – Werbung für Staubsauger zum Beispiel. In manchen Briefen steht sogar etwas richtig Böses oder Ärgerliches drin. Die sind auch nicht viel wert. Mehr wert sind solche Briefe, mit denen sich die Leute etwas Nettes oder Interessantes erzählen. Und besonders viel wert sind Briefe, mit denen jemand einem anderen eine große Freude macht. In solchen Briefen stecken manchmal Bilder drin, die ein Kind für jemanden gemalt hat. Die sind ganz besonders kostbar!“
Herr Kolbaba überlegte. „Gut und schön – aber woher wissen Sie, was in den Briefen steht? Ich will ja nicht hoffen, dass Sie alle Umschläge öffnen, um die Briefe erstmal zu lesen. Schließlich gibt es ja ein Briefgeheimnis!“

Die Postwichtel nehmen nacheinander verschiedene Briefe zur Hand, während sie von ihrer besonderen Gabe erzählen.

Erzähler/in:
„Das wissen wir“, sagte der erste Postwichtel. „Wir haben die besondere Gabe, allein durch Berühren des Umschlags zu spüren, was in dem Brief steht. Diese lieblos geschriebenen Briefe fühlen sich ganz kalt an. Aber je mehr Liebe in einem Brief steckt, desto wärmer ist er.“ Und ein zweiter Wichtel fügte hinzu: „Wenn wir Wichtel uns einen Brief an die Stirn legen, können wir sogar ziemlich genau sagen, was darin steht.“
„Na dann“, murmelte Herr Kolbaba. „Dann hat ja alles seine Ordnung.“ Er spürte, dass er noch immer ziemlich müde war. Also setzte er sich wieder an den Ofen. Und ehe man hätte bis drei zählen können, war er wieder eingeschlafen und schlief wie ein Murmeltier bis zum nächsten Morgen.

2. Szene: Der seltsame Brief

Ort: das Postamt bei Tag. Herr Kolbaba erledigt, wie jeden Morgen, seine Aufgaben auf dem Postamt. Da fällt ihm ein seltsamer Brief in die Hände. Zusammen mit dem Postmeister denkt er über eine Lösung nach und erzählt von der nächtlichen Begegnung mit den Postwichteln.

Erzähler/in:
Herr Kolbaba erzählte niemandem etwas von dem Spiel der Wichtel bei Nacht. Er sortierte weiter seine Briefe, als wäre nichts geschehen – jeden Morgen, Tag für Tag.
Eines Tages aber fand er einen verschlossenen Umschlag, der war weder mit einer Adresse beschriftet noch hatte er eine Briefmarke.

Herr Kolbaba zeigt den Brief her, der Postmeister kommt dazu.

Erzähler/in:
Das war ein Fall für den Postmeister! Der untersuchte den Brief gründlich und zuckte mit den Schultern: „Es ist kaum zu glauben, wie zerstreut manche Leute sind. Sie schreiben einen Brief und dann rennen sie Hals über Kopf zur Post und vergessen, die Adresse draufzuschreiben."
Herr Kolbaba drehte den Brief in seinen Fingern hin und her. „Erlauben Sie mir bitte, mich um diesen Brief zu kümmern, Herr Postmeister", bat er ganz höflich. „Ich könnte ihn öffnen und vielleicht einen Hinweis darin finden, wo der Brief herkommt oder an wen er gerichtet ist."
„Das geht nicht", erwiderte der Postmeister streng. „Das ist eine Verletzung des Briefgeheimnisses. Der Brief bleibt hier liegen, und damit ist die Sache erledigt."
Da gab sich Herr Kolbaba einen Ruck. Er beschloss, dem Postmeister doch etwas von seiner geheimen Begegnung mit den Wichtelmännern zu verra-

ten. Und er erzählte, wie diese kleinen Helfer in der Lage waren, Briefe zu lesen, ohne sie zu öffnen.
„Donnerwetter, das könnte gehen!", staunte der Postmeister, als er das hörte. „Also gut. Versuchen Sie es, Herr Kolbaba. Wenn uns ein Postwichtel sagen kann, was in dem verschlossenen Brief steht, können wir das Rätsel um diesen Brief vielleicht doch noch lösen."

3. Szene: Die nächste Nacht bei den Wichteln

Ort: das Postamt, erst bei Tag, dann bei Nacht. Wieder lässt sich Herr Kolbaba abends im Postamt einschließen, die Bühnenbeleuchtung wird langsam dunkler. Aber diesmal wartet er bereits auf die Wichtel und setzt sich zu ihnen in die Runde. So kommt der geheimnisvolle Brief ins Spiel ...

Erzähler/in:
In dieser Nacht ließ Herr Kolbaba sich absichtlich in der Post einschließen. Er wartete. Gegen Mitternacht hörte er erst ein leises „Tapp-tapp" auf dem Fußboden – und dann hörte er auch den Gesang:

Frei nach der Melodie „Fröhliche Weihnacht überall" singen die Postwichtel wieder leise ihr Lied und kommen dann erneut auf die Bühne.

Postwichtel:
Husch, durch alle Zimmer – rauf und runter.
Wenn es draußen kalt wird, sind wir munter,
helfen den Menschen über Nacht,
denn so ist die Arbeit schnell gemacht.
Husch, durch alle Zimmer – rauf und runter.
Wenn es draußen kalt wird, sind wir munter.

Erzähler/in:
Wieder konnte er beobachten, wie die Postwichtel Briefe sortierten und Pakete abwogen. Und wieder versammelten sie sich anschließend auf dem Boden und fingen an, mit den Briefen Karten zu spielen.
„Guten Abend, meine Herren!“, rief Herr Kolbaba, der sich nun nicht länger hinter dem Ofen verstecken mochte. „Ach, der Herr Kolbaba“, erwiderte der älteste Postwichtel in der Runde. „Kommen Sie und machen Sie ein Spielchen mit uns.“
Herr Kolbaba setzte sich zu den Wichteln auf den Fußboden, und als er an der Reihe war, brachte er den Brief ohne Adresse mit ins Spiel. Kaum hatte ein Wichtel danach gegriffen, rief er begeistert: „Eine 10! Sie haben gewonnen, Herr Kolbaba. Das ist zweifellos ein besonders wertvoller Brief.“
„Sind Sie sicher?“, fragte Herr Kolbaba. „Keine Frage!“, bestätigte der älteste Postwichtel und legte zum Beweis den Brief an seine Stirn. „Das ist ein Brief, den ein junger Mann an eine Frau geschrieben hat, die er sehr mag. Ein echter Liebesbrief also!“ Dann schloss er die Augen und wurde für einen Moment ganz still. Während der Brief noch immer ungeöffnet an seiner Stirn lag, fing er an, mit geschlossenen Augen zu sprechen:

Einer der Postwichtel legt sich den Brief an die Stirn und schließt die Augen. Den folgenden Inhalt des Briefs kann entweder der/die Erzähler/in vorlesen oder das Kind, das den betreffenden Postwichtel spielt, vortragen.

Erzähler/in oder Postwichtel:
„Liebste Marie, ich liebe dich so!
Und wenn du mich auch liebst, dann wäre ich froh!
Ach, schreibe mir gleich einen Brief zurück!
Mit dir zusammen Weihnachten feiern – das wäre ein Glück!
Ich warte auf Antwort jeden Tag.
Weil ich dich, Marie, so gerne mag!
Dein sehr verliebter Franz“

„Ich danke Ihnen", sagte Herr Kolbaba ganz gerührt. „Genau das wollte ich wissen. Aber wie kann ich nun rausbekommen, welcher Franz diesen Brief geschrieben hat und welche Marie ihn bekommen soll?" Die Postwichtel schüttelten ratlos die Köpfe. „Keine Ahnung! Davon steht in dem Brief leider nichts drin."

Die Postwichtel verschwinden. Die Bühnenbeleuchtung wird langsam heller, es wird wieder Tag im Postamt. Herr Kolbaba und der Postmeister treffen sich wieder bei der Arbeit.

Erzähler/in:
Gleich am nächsten Morgen berichtete Herr Kolbaba dem Postmeister von dem, was er über Nacht herausgefunden hatte.
„Du meine Güte!", rief der Postmeister. „Das ist ja wirklich ein ungeheuer wichtiger Brief. Schnell, Herr Kolbaba! Sie sind ein erfahrener und tüchtiger Briefträger. Machen Sie sich auf den Weg und versuchen Sie, die Frau zu finden!"

4. Szene: Herr Kolbaba macht sich auf den Weg und erlebt ein gutes Ende

Ort: Dörfer und Städte entlang des Wegs. Herr Kolbaba wandert durch Städte und Dörfer, klopft an Türen, fragt überall nach Marie – aber ohne Erfolg. Schließlich lässt er sich müde auf einer Bank nieder. Da kommt ein Fahrradfahrer vorbei. Sie setzen ihren Weg gemeinsam fort, kommen ins Gespräch, und das Unglaubliche geschieht: Der Fahrradfahrer ist Franz, und der hat es jetzt ganz eilig, den Brief endlich zu Marie zu bringen ...

Erzähler/in:
Herr Kolbaba packte ein paar Sachen ein, die er unterwegs brauchte. Auch für das dicke, große Telefonbuch war noch Platz in seinem Rucksack. Telefonbücher können hilfreich sein, wenn man in einer großen Stadt nach einem Namen sucht.
Dann ging er los. Er ging und ging. Überall fragte er nach, ob nicht irgendwo hier eine Frau namens Marie wohnte, die einen Brief von einem Franz erwartete. Er fand sogar eine ganze Menge Frauen, die so hießen, um genau zu sein: 473 Frauen mit diesem Namen. Aber keine von ihnen erwartete einen Brief von einem Franz.

Herr Kolbaba wandert mit seinem schweren Rucksack müde von einer Tür zur anderen ...

Erzähler/in:
Zwei Wochen war Herr Kolbaba schon unterwegs, und viel hatte er gesehen und kennengelernt: Dörfer und Städte, Felder und Wälder, Sonnenaufgänge und Sonnenuntergänge.
Jetzt war er müde. Er fing an zu frieren. Niedergeschlagen setzte er sich auf eine Bank am Straßenrand und seufzte: „Alles umsonst. Diese Marie finde ich nie und nimmer. Und Franz, der wird grad jetzt zu Weihnachten furchtbar traurig sein.“

Herr Kolbaba lässt sich traurig auf einer Bank nieder. Ein Mann mit Fahrrad kommt vorbei. Gemeinsam gehen die beiden weiter ...

Erzähler/in:
Wie er da nun so erschöpft am Straßenrand saß, kam ein Mann vorbei, der ein Fahrrad neben sich herschob. Als er den Postboten dort sitzen sah, blieb er stehen und sagte: „Kommen Sie, Briefträger, wir können ein

Stück zusammen gehen. Stellen Sie Ihren Rucksack einfach hinten auf den Gepäckträger."
Herr Kolbaba freute sich, weil sein Rucksack wirklich sehr schwer war. Bald aber merkte er, dass der Mann, der neben ihm ging, traurig aussah. Sehr traurig!
„Entschuldigen Sie", fragte Herr Kolbaba ganz höflich. „Darf ich fragen, warum Sie so traurig aussehen?" „Ach", seufzte der Mann. „Seit vielen Tagen warte ich nun schon auf die Antwort meiner Herzallerliebsten. Mit ihr allein will ich zusammen sein. Am liebsten noch vor Weihnachten. Sie aber schreibt mir einfach nicht zurück. Nun glaube ich, dass sie mich nicht mehr liebt."
Als Herr Kolbaba das hörte, war er auf einmal wieder ganz munter: „Sagen Sie, guter Mann, heißen Sie vielleicht Franz?" Der Mann nickte und schaute den Briefträger erstaunt an. „Und die Frau, die Sie so gern haben, die heißt vielleicht Marie?", rief Herr Kolbaba ganz aufgeregt. „Marie Novakova heißt sie", antwortete der Mann hastig.
„Aha!" Die Stimme von Herrn Kolbaba klang jetzt ganz fröhlich. „Dann sind Sie also der arme Kerl, der seinen Brief ohne Adresse und Briefmarke in den Kasten geworfen hat."
„W-w-w-w-wo, wo, wo ist mein Brief?", stammelte der Mann nun ganz verwirrt. Da zog der Briefträger den Brief ohne Absender aus der Tasche. „Bitte sehr", sagte er. Franz schnappte sich den Brief. Er hatte es jetzt ganz eilig. Hastig setzte er den Rucksack von Herrn Kolbaba wieder von seinem Gepäckträger ab. „Der Brief muss auf dem schnellsten Wege zu meiner Marie. Am besten, ich bringe ihn selbst dorthin!", rief er. Und wie der Blitz war er mit seinem Fahrrad verschwunden.

Franz verschwindet mit dem Fahrrad. Herr Kolbaba geht zur nächsten Bushaltestelle ...

Erzähler/in:
Herr Kolbaba schnürte seinen Rucksack wieder auf den Rücken und winkte hinter Franz her. Er wünschte dem Franz sehr, dass er nun doch noch mit seiner Marie Weihnachten feiern konnte.
Zufrieden ging er zur nächsten Haltestelle, um auf den Bus zu warten, der ihn zurück zum Postamt bringen sollte. Und als er dort stand und wartete und an Weihnachten dachte, da hatte er plötzlich eine Idee: „Zu Hause bin ich ganz alleine“, überlegte er. „Aber ich könnte doch die Wichtel fragen. Vielleicht kann ich Weihnachten in diesem Jahr zusammen mit den Wichteln feiern. Und dann erzähle ich ihnen die ganze Geschichte ...“
Natürlich waren die Wichtel einverstanden – und gemeinsam feierten sie das schönste Weihnachtsfest, das Herr Kolbaba jemals erlebt hatte!

Die Postwichtel kommen zusammen mit allen anderen Mitwirkenden zu einem weihnachtlichen Kreistanz zu ihrem Wichtellied auf die Bühne gelaufen ...

Postwichtel:
Husch, durch alle Zimmer – rauf und runter.
Wenn es draußen kalt wird, sind wir munter,
helfen den Menschen über Nacht,
denn so ist die Arbeit schnell gemacht.
Husch, durch alle Zimmer – rauf und runter.
Wenn es draußen kalt wird, sind wir munter.

Ende

Hilfe für Benno Bär

Ein Spiel für Kinder zum Advent

von Susanne Brandt-Köhn

Thema
Freundschaft, gemeinsam sind wir stark

Inhalt
Benno Bär verliert seinen Schlüssel und steht vor seiner verschlossenen Haustür. Nach und nach kommen seine Freunde vorbei und bieten ihm ihre Hilfe an. Gemeinsam finden sie am Ende den Schlüssel wieder.

Hauptfiguren und weitere Mitwirkende
Benno Bär; Martha Maus; Kalle Kaninchen; Hubert Hirsch; mehrere Sprecher/innen für Prolog und Epilog; ein kleines Klangorchester

Bühnenbild bzw. Requisiten
eine verschlossene Hüttentür, die sich aber am Ende öffnen lässt; weiße Bettlaken, auf dem Boden ausgelegt (als Schnee)

Schwierigkeitsgrad und Aufwand
mittel

Altersstufe
ab 6 Jahren

Prolog

Sprecher/in: Ich kenne eine Tür, die mir vor der Nase zugeschlagen ist.
Ich kenne eine Tür, gegen die ich manchmal wütend treten möchte.
Ich kenne eine Tür, für die nur ganz bestimmte Personen den Schlüssel bekommen.
Ich kenne eine Tür, die ich nicht allein mit eigener Kraft öffnen kann.
Ich kenne eine Tür, vor der ich oft lange warten muss.
Ich kenne eine Tür, die durch eine Alarmanlage gesichert wird.
Ich kenne eine Tür, die plötzlich aufgeht – in ganz überraschender Weise.

1. Szene

Benno Bär kehrt aus dem Wald heim. Mit schweren Schritten stapft er durch den Schnee. Auf dem Rücken trägt er ein Bündel Feuerholz. Nur noch wenige Meter, dann hat er endlich seine Hüttentür erreicht. Voller Vorfreude auf die Wärme, die ihn dort erwartet, singt er vor sich hin ...

Benno Bär *(singend)*:
Heiße Milch mit Honig, ach, wie schön – hier wohn ich!
Heiße Milch mit Honig, ach, wie schön – hier wohn ich ...

Vor der Tür angekommen, kramt er – noch immer singend – in einer kleinen Umhängetasche nach seinem Schlüssel; sucht und sucht und verstummt plötzlich erschrocken ...

Benno Bär: Das gibts doch nicht ... ich steck den Schlüssel doch immer hier in die Tasche ... der kann doch nicht einfach weg sein ...

Er schaut prüfend in jede Ecke der Tasche, krempelt sie einmal um, schüttelt fassungslos den Kopf, rüttelt verzweifelt an der Türklinke – der Schlüssel bleibt verschwunden und die Tür zu.
Martha Maus kommt tänzelnd des Weges und stutzt, als sie den Bären vor seiner Hütte entdeckt.

Martha Maus: Nanu? Was stehst denn du hier bei Wind und Frost vor deiner Hütte?

Benno Bär *(seufzt)*:
Ach Martha. Ich muss wohl meinen Schlüssel verloren haben. Hier irgendwo mitten im Schnee! Wie soll ich jetzt bloß die Tür öffnen!

Martha Maus: Ich würde dich ja gerne in meine Mäusewohnung einladen, doch ich fürchte, da bleibst du schon mit deiner Nasenspitze im Eingang stecken.

Sie streichelt ihm tröstend das Fell und wendet sich dann neugierig und gründlich der verschlossenen Tür zu.

Martha Maus: Hmm ... also ... wenn du mich fragst ...
Ich kann dir sagen: Da hilft nur nagen!
Durch Schärfe und Verbissenheit
wird alles brüchig mit der Zeit.

Martha Maus macht sich daraufhin energisch an der Tür zu schaffen; das Klangorchester erzeugt dazu „nagende“ Geräusche; nach einer Weile hält sie erschöpft inne und schaut Benno Bär traurig an.

Martha Maus: Ich hab wirklich gedacht, ich schaff das! Aber das Schloss ist einfach nicht zu knacken.

Benno Bär *(beruhigend)*:
Sei nicht traurig. Irgendeine Lösung wird sich schon noch finden lassen.

Martha Maus: So will ich wenigstens bei dir bleiben, damit du mit deinem Problem nicht ganz alleine bist.

Martha Maus kuschelt sich an den warmen Bauch von Benno Bär und schläft müde ein.

2. Szene

Hubert Hirsch kommt aus dem Wald, bleibt fragend vor den beiden stehen und will etwas sagen. Da legt Benno Bär den Finger vor den Mund und deutet auf die schlafende Maus.

Benno Bär *(flüsternd)*:
Der Schlüssel! Ich habe den Schlüssel verloren und kann deshalb die Tür nicht öffnen.

Hubert Hirsch rüttelt an der Tür, überlegt einen Moment und erwidert halblaut:

Hubert Hirsch: Gegen Kraft und Gewalt hält kaum etwas stand.
Ich geh – wenn es sein muss – mit dem Kopf durch die Wand.

Er nimmt etwas Anlauf und rammt mit dem Geweih immer wieder gegen die Tür; das Klangorchester begleitet das Geschehen mit krachenden Schlägen. Martha Maus schreckt dadurch aus dem Schlaf hoch.

Martha Maus: Was's nun los?

Sie schaut erst zum Bären, dann zu Hubert Hirsch hinüber.

Benno Bär: Hubert Hirsch ist so nett und will uns helfen ... aber ich glaube, auch mit Kraft und Gewalt ist da nichts zu machen.

Hubert Hirsch hat inzwischen aufgehört, auf die Tür einzuschlagen, und lässt sich schnaufend neben den beiden im Schnee nieder.

Hubert Hirsch: Tut mir wirklich leid. Ich hab gedacht, es geht.
Benno Bär: Kopf hoch! Jetzt ruhst du dich erstmal bei uns aus, und dann sehen wir weiter.

Martha Maus ist jetzt ganz wach und schaut aufgeregt in der Gegend herum.

Martha Maus: Ich seh sogar schon jemanden ganz nah!

Kalle Kaninchen rast flink über die Bühne.

Martha Maus: Willkommen in unserer Runde, Kalle Kaninchen!

Kalle Kaninchen bleibt überrascht stehen.

Kalle Kaninchen: Na so was! Ein kleines Picknick im Schnee, oder wie?

Benno Bär: Ich würde jetzt lieber mit einer heißen Tasse Milch drinnen am Ofen sitzen – aber ich habe meine Schlüssel verloren und ...

Kalle Kaninchen wird ganz hellhörig

Kalle Kaninchen: Schlüssel verloren? Und da sitzt ihr noch so trübsinnig hier herum? Wenn etwas verloren gegangen ist, dann muss man es suchen, und zwar fix!
Hier zählt nur Schnelligkeit und Kondition,
hopp-hopp, zack-zack – das kriegen wir schon!

Kalle Kaninchen *(zu Benno Bär)***:**
Wenn du mir eben verrätst, wo du heute überall gewesen bist, bin ich gleich wieder da.

Benno Bär: Ach Kalle! Der Weg war ziemlich weit – erst dort zum Waldrand, dann an der kleinen Schonung vorbei, ein Stück über den Acker, ein Stück die Eichenallee entlang und dann querfeldein zurück ...

Kalle Kaninchen *(bereits in Startposition)***:**
Schon unterwegs!

Kalle Kaninchen rennt los; das Klangorchester begleitet seinen Weg mit schnellen Laufrhythmen; nach einer rasanten Suche kehrt Kalle Kaninchen atemlos zu den anderen zurück.

Kalle Kaninchen: Wie ein Schneepflug bin ich durch den Wald gerast! Aber nirgends auch nur eine Spur eines Schlüssels!

Benno Bär: Ach, lass dich erst einmal wärmen! Du siehst ja aus wie ein großer Schneeball! Richtig abtauen muss man dich, eh dein Fell wieder zum Vorschein kommt!

Benno Bär nimmt das Kaninchen liebevoll in seine Arme und spricht dann mit feierlicher Stimme in die Runde.

Benno Bär: Ich weiß gar nicht, wie ich euch allen danken soll! Jeder von euch hat sich so viel Mühe gegeben, um mir zu helfen. Für heute soll es nun gut sein damit. Wir haben alle etwas Ruhe nötig, und morgen ist auch noch ein Tag.

Hubert Hirsch *(schon etwas schläfrig)***:**
Ich bleibe hier!

Martha Maus *(gähnend)***:**
Ich sowieso!

Von dem inzwischen schon schlafenden Kalle Kaninchen hört man nur noch ein zufriedenes Schnarchen; alle kuscheln sich wie ein großes Knäuel ganz eng zusammen; das Klangorchester spielt verträumte Töne zur Nacht oder ein Schlaflied; die Bühnenbeleuchtung wird abgedunkelt und dann nach einer Weile langsam wieder heller.

3. Szene

Benno Bär rührt sich am nächsten Morgen als Erster.

Benno Bär: Iiih! ... Ich glaube, ich hab einen nassen Popo!

Kalle Kaninchen schaut sich erstaunt um.

Kalle Kaninchen: Kein Wunder! Nicht nur der Schnee aus meinem Fell ist über Nacht getaut – der ganze Boden unter uns ist eine einzige große Wasserpfütze! Vier Tiere, so dicht zusammen, machen eben ganz schön viel Wärme!

Kalle Kaninchen bewegt jetzt so heftig seinen Kopf in alle Richtungen, dass Martha Maus, die sich schlafend an ihn gelehnt hatte, ins Rutschen kommt und quiekend in das Tauwasser hineinplatscht.

Martha Maus *(jammernd)***:** Aua!

Sie rappelt sich zappelnd wieder auf und reibt sich das Hinterteil.

Martha Maus: Da war was! Hart und kalt und spitz!

Kalle Kaninchen macht jetzt einen noch längeren Hals und wühlt dann mit den Pfoten dort, wo die Maus gerade so unsanft gelandet war.

Kalle Kaninchen: Ich glaube ... ich sehe ... ja, ich fühle ... den Schlüssel!

Kalle Kaninchen zieht den Schlüssel aus dem Matsch – d.h. unter dem Bettlaken auf der Bühne – hervor und hält ihn triumphierend in die Luft.

Hubert Hirsch: Wir ... wir haben also die ganze Nacht auf dem gesuchten Schlüssel gelegen?

Benno Bär: Und jetzt hat sich das Problem ganz unerwartet gelöst? Im Schlaf sozusagen?

Martha Maus: Da hab ich so verbissen probiert, die Tür aufzuknabbern ...

Hubert Hirsch: ... und ich hab gedacht, mit Kraft und Gewalt ...

Kalle Kaninchen: ... oder mit einer schnellen Suchaktion ...

Benno Bär: War vielleicht alles nicht ganz verkehrt! Ohne diese Anstrengungen wären wir bestimmt nicht so tief und gut zusammen eingeschlafen ...

Martha Maus: ... und dann hätte wohl erst die Frühlingssonne mit ihrer Wärme den Schlüssel ans Licht gebracht!

Kalle Kaninchen: Genug gegrübelt! Ich habe den Schlüssel, und wir alle haben uns jetzt einen warmen Ofen und etwas Gutes zum Beißen verdient!

Benno Bär: Und eine heiße Milch mit Honig!

Alle springen auf und verschwinden durch die Tür in die Hütte; das Klangorchester spielt eine Schlussmusik.

Epilog

Sprecher/in: Ich kenne eine Tür, aus der mir Wärme entgegenkommt.
Ich kenne eine Tür, durch die ich mit einem Kribbeln im Bauch hindurchgehe.
Ich kenne eine Tür, hinter der mich etwas Gutes erwartet.
Ich kenne eine Tür, mit der vielleicht eine neue Geschichte anfängt.
Ich kenne eine Tür, die mich nach Hause kommen lässt.
Ich kenne eine Tür, die breit genug ist für viele Gäste.
Ich kenne eine Tür, die mir die Sinne öffnet – für die überraschende Kraft von Gottes Liebe.

Das Getreidewunder

Eine Nikolausgeschichte nach einer Legende des Jacobus de Voragine

von Susanne Brandt-Köhn

Thema
Eine Legende vom heiligen Nikolaus

Inhalt
Der heilige Nikolaus rettet Kinder vor dem sicheren Hungertod, indem er die Matrosen eines mit Getreide reich beladenen Schiffes des Kaisers überredet, ihm für die Kinder Getreidesäcke zu überlassen.

Mitwirkende
Eine/e Erzähler/in; Kind 1 bis 7; Matrose 1 bis 8

Schwierigkeitsgrad und Aufwand
einfach

Altersstufe
ab 4 Jahren

Erzähler/in: In der Zeit, als der heilige Nikolaus Bischof von Myra war, brach in der Provinz eine Hungersnot aus. Die Ernte hatte nur wenig Ertrag gebracht. Die Kornkammern waren so leer, dass selbst die Mäuse kaum etwas zu fressen fanden. Schwäche und Krankheiten breiteten sich unter den Menschen aus. Besonders die Kinder mussten sehr unter dem Hunger leiden.

Kind 1: Ich habe Hunger.
Kind 2: Kein Brot mehr ist in der Kammer.
Kind 3: Früher haben wir den ganzen Tag gespielt.
Kind 4: Und jetzt fühlen wir uns selbst dafür zu schwach.
Kind 5: Mein kleinster Bruder ist schon an Hunger gestorben

Erzähler/in: Da hörte der Bischof eines Tages von reich beladenen Getreideschiffen, die im Hafen vor Anker liegen sollten. Sogleich machte er sich auf, um die Seeleute um Hilfe zu bitten. Die aber mochten die kostbare Fracht nicht anrühren. Das Korn war in Alexandrien sorgfältig gewogen worden, und ganz genau diese Menge musste in den Scheunen des Kaisers abgeliefert werden. Nicht auszudenken, welche Strafe ihnen bevorstünde, wenn am Ende etwas fehlen würde!

Matrose 1: Wenn auch nur ein Gramm fehlt, dann lande ich im Gefängnis.
Matrose 2: Oder es kommt noch schlimmer ...
Matrose 3: ... und die Diener des Kaisers prüfen genau!
Matrose 4: Da kann niemand mogeln!
Matrose 5: Aber ich kann die Verzweiflung der Menschen auch verstehen.
Matrose 6: Ich habe ja selber Frau und Kinder zu Hause.

Erzähler/in: Der Bischof aber ließ nicht locker, bis sie ihm schließlich doch zwei Säcke Weizen überließen. Er versprach ihnen bei Gott, dass der Verlust beim Kaiser unbemerkt bliebe, und sie nichts zu befürchten hätten. Ohne recht an seine Worte zu glauben, setzten die Seeleute ihre Reise fort.
Als sie nach vielen Tagen ihr Ziel erreicht hatten, wurde ihre Ladung sogleich in Empfang genommen. Mit ängstlichen Blicken und zitternden Knien sahen die Matrosen zu, wie die Diener des Kaisers Sack für Sack wogen und die Ergebnisse in eine Liste eintrugen. Dann rechneten sie sorgfältig alles durch, steckten hin und wieder tuschelnd die Köpfe zusammen, verglichen mit kritischer Miene die Zahlen und ließen die Ergebnisse schließlich dem Kaiser mitteilen. Es dauerte lange, bis von dort die mit Spannung erwartete Nachricht zurückkam: „Alles in Ordnung. Kein Grund zur Beanstandung. Und ein Dank an die Besatzung für ihre gewissenhafte Arbeit!"
Den Seeleuten blieb vor Staunen fast der Mund offen stehen. Aber das durften sie sich jetzt natürlich nicht anmerken lassen. So eilten sie zurück zu ihrem Schiff und ließen sich, noch etwas verwirrt, aber erleichtert, auf die Bänke fallen.

Matrose 1: Unglaublich!
Matrose 2: Kannst du dir das erklären?
Matrose 3: Vielleicht haben die Diener ein Auge zugedrückt?
Matrose 4: Viel zu gefährlich – der Kaiser ist streng!
Matrose 5: Oder der Kaiser selbst hat irgendwie gespürt, dass die Sache so in Ordnung ist.
Matrose 6: Das würde mich aber wundern!
Matrose 7: Ja, das wäre wirklich verwunderlich!
Matrose 8: Ein Wunder – das alles!

Erzähler/in: Bischof Nikolaus verteilte die beiden Säcke Getreide an die Hungernden. Es reichte den Menschen zwei Jahre lang zum Leben, und für eine neue Aussaat war auch noch genügend da.

Kind 1: Heute hat meine Mutter wieder frisches Brot gebacken!
Kind 2: Aus allen Häusern dringt dieser herrliche Geruch auf die Straße.
Kind 3: Und überall reden die Leute von Bischof Nikolaus.

Kind 4: Das ist ja auch kein Wunder!
Kind 5: Doch – ein Wunder ist das alles irgendwie schon.
Kind 6: Richtig glauben kann ich das jedenfalls immer noch nicht, dass die Not jetzt ein Ende hat.
Kind 7: So schnell vergessen werden wir die Geschichte bestimmt nicht.

Über die Geschichte

Brauchtum und Verehrung des heiligen Nikolaus sind vor allem durch Legenden geprägt, die sich geschichtlich auf den um 350 n. Chr. gestorbenen Bischof von Myra zurückführen lassen. Mehr als 150 solcher „Wundergeschichten" über ihn sind erhalten. In ihnen zeigt sich eine Wirklichkeit, die sich von den realen – auch kirchlichen – Machtverhältnissen der damaligen Zeit deutlich unterscheidet:
Der heilige Nikolaus macht sich stark für die „Kleinen", die Kinder, die von Unterdrückung und Unrecht betroffen sind. Er beweist Glaubwürdigkeit, indem er nicht an eigenen Besitz- und Sicherheitsansprüchen festhält, sondern ganz praktisch und konsequent loslässt, eingreift und widerspricht, wo es „Not-wendig" ist. Elemente aus der Bilderwelt der Legenden, wie z. B. das Schiff, das

Getreide und die Brote, haben in Kunst und Brauchtum ihren Platz gefunden und sind zu Zeichen geworden für gelebten Glauben und Gottes spürbare Gegenwart. Das eigenwillige Profil des heiligen Nikolaus steht oft in der Gefahr, hinter der kommerzialisierten Figur des „Weihnachtsmannes" zu verschwinden. Umso wichtiger ist es, durch das Erzählen, Singen, Spielen und kreative Umsetzen der Legenden die eigentliche und noch immer aktuelle Botschaft des heiligen Nikolaus lebendig zu erhalten.